insel taschenbuch 4803
Zauberhafte Weihnachtsgeschichten zum Vorlesen

Weihnachtszeit ist Lese- und Vorlesezeit. Dieser Band versammelt die schönsten Advents- und Weihnachtsgeschichten zum Vorlesen für die ganze Familie. Heiteres und Besinnliches, Klassisches und Modernes für Alt und Jung.

Vom Warten aufs Christkind, von tapferen Weihnachtsmännern und allerlei Überraschungen beim Familientreffen, von herzerwärmenden Geschenken und vom Wunder der Heiligen Nacht erzählen Marie Luise Kaschnitz, Erich Kästner, Hans Fallada, Felix Timmermans, O. Henry, Bertolt Brecht, Hanns Dieter Hüsch, John von Düffel, Frank Goosen, Axel Hacke, Eckart von Hirschhausen, Hanns-Josef Ortheil, Uwe Tellkamp u. a.

Zauberhafte Weihnachtsgeschichten zum Vorlesen

Ausgewählt von Gesine Dammel

Insel Verlag

3. Auflage 2021

Erste Auflage 2020
insel taschenbuch 4803
Originalausgabe
© Insel Verlag Berlin 2020
Alle Rechte vorbehalten, insbesondere das der Übersetzung,
des öffentlichen Vortrags sowie der Übertragung
durch Rundfunk und Fernsehen, auch einzelner Teile.
Kein Teil des Werkes darf in irgendeiner Form
(durch Fotografie, Mikrofilm oder andere Verfahren)
ohne schriftliche Genehmigung des Verlages reproduziert
oder unter Verwendung elektronischer Systeme verarbeitet,
vervielfältigt oder verbreitet werden.
Vertrieb durch den Suhrkamp Taschenbuch Verlag
Umschlaggestaltung: zero-media.net, München
Umschlagabbildung: FinePic®, München
Satz: Satz-Offizin Hümmer GmbH, Waldbüttelbrunn
Druck: CPI books GmbH, Leck
Printed in Germany
ISBN 978-3-458-68103-8

INHALT

Warten aufs Christkind

Interview mit dem Weihnachtsmann

Jeder schenkt nach seinem Herzen

Wer hat den schönsten Weihnachtsbaum?

Die Bescherung

Die Heilige Nacht

Die Nacht der Wunder

Warten aufs Christkind

HANNS-JOSEF ORTHEIL
Warten aufs Christkind

Wann genau kommt eigentlich das Christkind, fragt mich Lu, mein fünfjähriger Sohn, als wir dabei sind, den Weihnachtsbaum zu schmücken.

Das Christkind kommt heimlich, antworte ich, keiner sieht und hört es, irgendwann sind die Geschenke einfach da.

Aber wie schafft das Christkind das alles, fragt Lu weiter, es muß doch sehr viele Kinder beschenken.

Das Christkind hat Helfer, sage ich, allein könnte es all die Arbeit natürlich nicht schaffen.

Und wer sind die Helfer, fragt Lu und drückt seine Nase gegen eine rote Christbaumkugel.

Ganz genau weiß ich das auch nicht, antworte ich, vielleicht sind es Engel, und manchmal sind es wohl die Eltern, die dem Christkind etwas Arbeit abnehmen.

Nimmst du dem Christkind was ab, fragt Lu und schaut mich jetzt ganz direkt an.

Ja, sage ich, wir nehmen ihm zum Beispiel das Schmücken des Christbaums ab, das machen wir einfach selbst.

Und die Geschenke, fragt Lu, besorgt ihr die auch?

Einige kleinere schon, sage ich, aber die größten und schönsten bringt doch das Christkind.

Ich würde es so gern einmal sehen, seufzt Lu.

Ich auch, sage ich, aber dann hätte das Christkind nichts Geheimnisvolles mehr, dann wäre es ja beinahe ein Mensch.

Stimmt, sagt Lu, Menschen sind nicht geheimnisvoll, Menschen sind langweilig.

Nicht alle Menschen sind langweilig, sage ich, manche haben auch ganz wunderbare Ideen.

Aber nicht so gute wie das Christkind, antwortet Lu, das Christkind hat immer die besten Ideen, es schenkt einfach am besten.

Das stimmt, sage ich, das Christkind ist sehr einfallsreich, es weiß am besten, was es den Kindern bringen soll.

Sind die Geschenke jetzt schon da, fragt Lu, oder kommt das Christkind erst?

Ich habe noch nicht nachgesehen, antworte ich, die Geschenke sind ja jedes Mal anderswo versteckt.

Das Christkind ist schon sehr klug, sagt Lu, das muß man sagen.

Ich packe ein paar der silbernen Lametta-Bündel aus und zeige Lu, wie man sie auf den Christbaumzweigen drapiert. Er nimmt zwei, drei Lamettastreifen in die Hand und legt sie sehr behutsam auf einen Zweig. Seine Zunge streicht vorsichtig über die Unterlippe, er ist ganz bei der Sache.

Machst du einen Moment allein weiter, sage ich, ich muß noch mal telefonieren.

Klar, antwortet er, telefonier nur, ich helfe dem Christkind beim Schmücken.

Die Geschenke sind oben im Schrank hinter den Kleidern, denke ich, jedes Jahr sind die Geschenke dort versteckt. Um ganz sicherzugehen, sollte ich aber noch mal nachschauen, denke ich weiter, schließlich sind es nur noch drei Stunden, bis das Christkind dann wirklich kommt.

Oben im Schrank hinter den Kleidern ist viel Platz für Geschenke, aber die Geschenke sind nicht dort. Seltsam, denke ich, die Geschenke sind diesmal woanders versteckt, anscheinend hat sich La Mamma ein neues Versteck ausgedacht.

Ich gehe hinunter zur Küche, dort backen La Mamma und unsere siebenjährige Tochter Lo gerade das Weihnachtsgebäck.

Noch bevor ich die Küche betrete, höre ich die Unterhaltung der beiden.

Wie schafft das Christkind das eigentlich alles, fragt Lo, es muß doch sehr viele Kinder beschenken.

Das ist ein Geheimnis, höre ich La Mamma sagen, das ist ein sehr großes, schönes Geheimnis.

Tine sagt, es gibt gar kein Christkind, sagt Lo, die Eltern besorgen die Geschenke, sagt Tine.

Das Christkind hat Helfer, sage ich und betrete die Küche, die Eltern helfen dann und wann, das ist schon richtig.

Das habe ich Tine auch so erklärt, sagt Lo, aber Tine behauptet noch immer, es gibt gar kein Christkind.

Lu schmückt gerade den Baum, sage ich, willst du ihm nicht ein bißchen helfen?

Mach ich, sagt Lo und hüpft auch schon aus der Küche, ich helfe Lu und dem Christkind beim Schmücken.

Wo sind die Geschenke, frage ich mit gedämpfter Stimme La Mamma.

Hinter den Kleidern im Schrank, antwortet La Mamma.

Da sind sie nicht, sage ich.

Da sind sie immer, sagt La Mamma, ein wenig zu laut.

Fast immer, aber nicht jetzt, sage ich, eben habe ich nachgeschaut.

La Mamma blickt mich kritisch an, dann eilen wir zusammen die Treppe hinauf und greifen in die Leere hinter den Kleidern im Schrank.

Ich habe sie hier abgestellt, sagt La Mamma, du mußt sie umgeräumt haben.

Nicht daß ich wüßte, sage ich, ich sollte mich doch daran erinnern.

Das meiste haben wir ja schon im November gekauft, sagt La Mamma, oder war es Anfang Dezember?

Mein Gott, sage ich, wir haben die Geschenke einfach vergessen, wir haben sie vor uns selber versteckt.

Dann sind sie entweder im Keller oder im kleinen Speicherzimmer, sagt La Mamma und verschwindet hastig, während ich hinunter zu den Kindern gehe. Im Flur höre ich erleichtert, daß sie sich friedlich unterhalten.

Das Christkind hat viele Helfer, sagt Lo gerade.

Das hat Pappa auch gesagt, antwortet Lu, aber was die Helfer so ganz genau machen, das wußte er auch nicht.

Ich weiß es, sagt Lo, ganz bestimmt.

Gib nicht so an, sagt Lu, niemand weiß es, das Christkind hat viele Geheimnisse.

Papperlapp, sagt Lo, ich weiß es.

Was weißt du, fragt Lu.

Ich habe dem Christkind geholfen, sagt Lo, ich habe die Geschenke versteckt.

Du gibst ja ganz furchtbar an, sagt Lu und beginnt zu lachen.

Die Geschenke waren in Mammas Kleiderschrank, hinter den Kleidern, sagt Lo, ich habe sie in die große Truhe im Keller getan, damit Mamma und Pappa sie nicht gleich auspacken.

Du lügst, sagt Lu, du lügst ja ganz schrecklich.

Ich lüge nicht, sagt Lo, komm nur mit, ich zeige sie dir.

Wohin wollt ihr, frage ich und betrete das Zimmer.

Wir wollen im Keller spielen, sagt Lo und schaut mich trotzig an.

Kommt nicht in Frage, sage ich, wir schmücken zuerst den Baum, dann könnt ihr im Keller spielen.

Na gut, sagt Lo, wenn du meinst.

Wir helfen dem Christkind sehr viel, sagt Lu und beginnt wieder zu lachen.

Ich muß noch mal kurz telefonieren, sage ich und eile hinauf ins Speicherzimmer.

Die Geschenke sind in der großen Truhe im Keller, sage ich zu La Mamma, ich bringe sie jetzt hier hinauf, auf den Speicher.

Warum mußt du immer alles umkramen, stöhnt La Mamma, irgendwann werden wir die Geschenke überhaupt nicht mehr finden.

Das Christkind hat seine Geheimnisse, flüstere ich weiter, das ist eben so, und so soll es auch bleiben.

Und dann eile ich in den Keller und schleppe alles hinauf auf den Speicher, wo La Mamma die Geschenke in weihnachtliches Geschenkpapier packt.

Schön, sage ich zu Lo und Lu, als ich endlich wieder im Wohnzimmer bin, sehr schön, das Christkind freut sich bestimmt, wenn ihr ihm so gut helft.

Dürfen wir jetzt in den Keller, fragt Lo und zwinkert Lu zu.

Ihr dürft, sage ich, spielt ruhig im Keller, das Christkind war, glaube ich, sogar schon da, ich habe jedenfalls etwas rascheln und klingeln gehört.

Ach Pappa, sagt Lo, sehr genau weißt du nicht Bescheid.

Nein, Pappa, sagt Lu, wir sind einfach die besseren Helfer.

Wenn ihr meint, antworte ich, wenn ihr meint. Dann geht nur in den Keller, ich träume hier noch etwas vom Christkind.

FRIEDRICH WOLF
Die Weihnachtsgans Auguste

Der Opernsänger Luitpold Löwenhaupt hatte bereits im November vorsorglich eine fünf Kilo schwere Gans gekauft – eine Weihnachtsgans. Dieser respektable Vogel sollte den Festtisch verschönen. Gewiß, es waren schwere Zeiten. »Aber etwas muß man doch fürs Herze tun!«

Bei diesem Satz, den Löwenhaupt mit seiner tiefen Baßstimme mehrmals vor sich hin sprach, so daß es wie ein Donnerrollen sich anhörte, mit diesem Satze meinte der Sänger im Grunde etwas anderes. Während er mit seinen kräftigen Händen die Gans an sich drückte, verspürte er sogleich den Geruch von Rotkraut und Äpfeln in der Nase.

Und immer wieder murmelte sein schwerer Baß den Satz durch den nebligen Novembertag: »Aber etwas muß man doch fürs Herze tun!«

Ein Hausvater, der eigenmächtig etwas für den Haushalt eingekauft hat, verliert, sobald er seiner Wohnung sich nähert, mehr und mehr den Mut. Er ist zu Haus schutzlos den Vorwürfen und dem Hohn seiner Hausgenossen preisgegeben, da er bestimmt unrichtig und zu teuer eingekauft hat. Doch in diesem Falle erntete Vater Löwenhaupt überraschend hohes Lob. Mutter Löwenhaupt fand die Gans fett, gewichtig und preiswert. Das Hausmädchen Theres lobte das schöne weiße Gefieder; sie stellte jedoch die Frage, wo das Tier bis Weihnachten sich aufhalten solle?

Die zwölfjährige Elli, die zehnjährige Gerda und das

kleine Peterle – Löwenhaupts Kinder – sahen aber hier überhaupt kein Problem, da es ja doch das Bad und das Kinderzimmer gäbe und das Gänschen unbedingt Wasser brauche, sich zu reinigen. Die Eltern entschieden jedoch, daß die neue Hausgenossin im allgemeinen in der Kiste in dem kleinen warmen Kartoffelkeller ihr Quartier beziehen solle und daß die Kinder sie bei Tag eine Stunde lang draußen im Garten hüten dürften.

So war das Glück allgemein.

Anfangs befolgten die Kinder genau diese Anordnung der Eltern. Eines Abends aber begann das siebenjährige Peterle in seinem Bettchen zu klagen, daß »Gustje« – man hatte die Gans aus einem nicht erfindbaren Grunde Auguste genannt – bestimmt unten im Keller friere. Seine Schwester Elli, der man im Schlafzimmer die Aufsicht über die beiden jüngeren Geschwister übertragen hatte, suchte das Brüderchen zu beruhigen, daß Auguste ja ein dickes Daunengefieder habe, das sie aufplustern könne wie eine Decke.

»Warum plustert sie es auf?« fragte Peterle.

»Ich sagte doch, daß es dann wie eine Decke ist.«

»Warum braucht Gustje denn eine Decke?«

»Mein Gott, weil sie dann nicht friert, du Dummerjan.«

»Also ist es doch kalt im Keller!« sagte jetzt Gerda.

»Es ist kalt im Keller!« echote Peterle und begann gleich zu heulen. »Gustje friert! Ich will nicht, daß Gustje friert. Ich hole Gustje herauf zu mir!«

Damit war er schon aus dem Bett und tapste zur Tür. Die große Schwester fing ihn ab und suchte ihn wieder ins Bett zu tragen. Aber die jüngere Gerda kam Peterle zu

Hilfe. Peterle heulte: »Ich will zu Gustje!« Elli schimpfte. Gerda entriß ihr den kleinen Bruder.

Mitten in dem Tumult erschien die Mutter. Peterle wurde im Elternzimmer in das Bett der Mutter gelegt und den Schwestern sofortige Ruhe anbefohlen.

Diese Nacht ging ohne weiteren Zwischenfall vorüber.

Doch am übernächsten Tag hatten sich Gerda und Peter, der wieder im Kinderzimmer schlief, verständigt. Abwechselnd blieb immer einer der beiden wach und weckte den anderen. Als nun die älteste Schwester Elli schlief und im Haus alles stille war, schlichen die zwei auf den nackten Zehenspitzen in den Keller und holten die Gans Auguste aus ihrer Kiste, in der sie auf Lappen und Sägespänen lag, und trugen sie leise hinauf in ihr Zimmer. Bisher war Auguste recht verschlafen gewesen und hatte bloß etwas geschnattert wie: »Lat mi in Ruh, lat mi in Ruh!«

Aber plötzlich fing sie laut an zu schreien: »Ick will in min Truh, ick will in min Truh!« Schon gingen überall die Türen auf.

Die Mutter kam hervorgestürzt, Theres, das Hausmädchen, rannte von ihrer Kammer her die Stiegen hinunter. Auch die zwölfjährige Elli war aufgewacht, aus ihrem Bett gesprungen und schaute durch den Türspalt. Die kleine Gerda aber hatte in ihrem Schreck die Gans losgelassen, und jetzt flatterte und schnatterte Auguste im Treppenhaus umher. (Ein Glück, daß der Vater noch nicht zu Hause war!) Bei der nun einsetzenden Jagd durch das Treppenhaus und die Korridore verlor Auguste, bis man sie eingefangen hatte, eine Anzahl Federn. Die atemlose

Theres schlug sie in eine Decke, woraus sie ununterbrochen schimpfte:

>Lat mi in Ruh, lat mi in Ruh,
Ick will in min Truh!«

Und da begann auch noch das Peterle zu heulen: »Ich will Gustje haben! Gustje soll bei mir schlafen!«

Die Mutter, die ihn ins Bett legte, suchte ihm zu erklären, daß die Gans jetzt wieder in die Kiste in den Keller müsse. »Warum muß sie denn in den Keller?« fragte Peterle.

»Weil eine Gans nicht im Bett schlafen kann.«

»Warum kann denn Gustje nicht im Bett schlafen?«

»Im Bett schlafen nur Menschen; und jetzt sei still und mach die Augen zu!« Die Mutter war schon an der Tür, da heulte Peterle wieder los: »Warum schlafen nur Menschen im Bett? Gustje friert unten; Gustje soll oben schlafen.« Als die Mutter sah, wie aufgeregt Peterle war und daß man ihn nicht beruhigen konnte, erlaubte sie, daß man die Kiste aus dem Keller heraufholte und neben Peterles Bett stellte. Und siehe da, während Auguste droben in der Kiste noch vor sich hin schnatterte:

>Lat man gut sin, lat man gut sin,
Hauptsache, dat ick in min Truh bin!«

schliefen auch das Peterle und seine Geschwister ein.

Natürlich konnte man Auguste nicht wieder in den Keller bringen, zumal die Nächte immer kälter wurden, weil es schon mächtig auf Weihnachten ging. Auch benahm sich die Gans außerordentlich manierlich. Bei Tag ging sie mit Peterle spazieren und hielt sich getreulich an seiner Seite wie ein guter Kamerad, wobei sie ihren Kopf stolz hoch trug und ihren kleinen Freund mit ihrem Geschnatter aufs beste unterhielt. Sie erzählte dem Peterle, wie man die verschiedenen schmackhaften oder bitteren Gräser und Kräuter unterscheiden könne, wie ihre Geschwister – die Wildgänse – im Herbst nach Süden in wärmere Länder zögen und wie umgekehrt die Schneegänse sich am wohlsten in Eisgegenden fühlten. Soviel konnte Auguste dem Peterle erzählen; und auf all sein »Warum« und »Weshalb« antwortete sie gern und geduldig. Auch die anderen Kinder gewöhnten sich immer mehr an Auguste. Peterle aber liebte seine Gustje so, daß beide schier unzertrennlich wurden. So kam es, daß eines Abends, als Peterle vom Bett aus noch ein paar Fragen an Gustje richtete, diese zu ihrem Freund einfach ins Bett schlüpfte, um sich leiser und ungestörter mit ihm unterhalten zu können. Elli und Gerda gönnten dem kleinen Bruder die Freude.

Am frühen Morgen aber, als die Kinder noch schliefen, hopste Auguste wieder in ihre Kiste am Boden, steckte ihren Kopf unter die weißen Flügel und tat, als sei nichts geschehen. Doch das Weihnachtsfest rückte näher und näher. Eines Mittags meinte der Sänger Löwenhaupt plötzlich zu seiner Frau, daß es nun mit Auguste »soweit wäre«. Mutter Löwenhaupt machte ihrem Mann erschrocken ein Zeichen, in Gegenwart der Kinder zu schweigen.

Nach Tisch, als der Sänger Luitpold Löwenhaupt mit seiner Frau allein war, fragte er sie, was das seltsame Gebaren zu bedeuten habe. Und nun erzählte Mutter Löwenhaupt, wie sehr sich die Kinder – vor allem Peterle – an Auguste, die Gans, gewöhnt hätten und daß es ganz unmöglich sei …

»Was ist unmöglich?« fragte Vater Löwenhaupt. Die Mutter schwieg und sah ihn nur an. »Ach so!« grollte Vater Löwenhaupt. »Ihr glaubt, ich habe die Gans als Spielzeug für die Kinder gekauft? Ein nettes Spielzeug! Und ich? Was wird aus mir?«

»Aber Luitpold, versteh doch!« suchte die Mutter ihn zu beschwichtigen.

»Natürlich, ich verstehe ja schon!« zürnte der Vater. »Ich muß wie stets hintenanstehn!« Und als habe diese furchtbare Feststellung seine sämtlichen Energien entfesselt, donnerte er jetzt los: »Die Gans kommt auf den Weihnachtstisch mit Rotkraut und gedünsteten Äpfeln! Dazu wurde sie gekauft! Und basta!« Eine Tür knallte zu.

Die Mutter wußte, daß in diesem Stadium mit einem Mann, und noch dazu mit einem Opernsänger, nichts anzufangen war. Sie setzte sich in ihr Zimmer über ihre Näharbeit und vergoß ein paar Tränen.

Dann beriet sie mit ihrer Hausgehilfin Theres, was zu tun sei, da bis Weihnachten nur noch eine Woche war. Sollte man eine andere, schon gerupfte und ausgenommene Gans kaufen? Doch dazu reichte das Haushaltungsgeld nicht. Aber was würde man, wenn die Gans Auguste nicht mehr da wäre, den Kindern sagen? Durfte man sie überhaupt belügen? Und wer im Haus würde es fertigbringen, Auguste ins Jenseits zu senden?

»Soll der Herr es selbst tun!« schlug Theres vor.

Die Mutter fand diesen Rat nicht schlecht, zumal ihr

Mann zu der Gans nur geringe persönliche Beziehungen hatte.

Als nun der Sänger Löwenhaupt abends aus der Oper heimkam, wo er eine Heldenpartie gesungen hatte, und die Mutter ihm jenen Vorschlag machte, erwiderte er: »Oh, ihr Weibervolk! Wo ist der Vogel?«

Theres sollte die Gans herunterholen. Natürlich wachte Auguste auf und schrie aus Leibeskräften:

»Ick will min Ruh, min Ruh,
Lat mi in min Truh!«

Peterle und die Schwestern erwachten, es gab einen Höllenspektakel. Die Mutter weinte, Theres ließ die Gans flattern; diese segelte hinunter in den Hausflur. Vater Löwenhaupt, der jetzt zeigen wollte, was ein echter Mann und Hausherr ist, rannte hinter Auguste her, trieb sie in eine Ecke, griff mutig zu und holte aus der Küche einen Gegenstand; während Mutter die Kinder oben im Schlafzimmer hielt, ging der Vater mit der Gans in die entfernteste, dunkelste Gartenecke, um sein Werk zu vollbringen. Die Gans Auguste aber schrie Zeter und Mordio, indessen die Mutter und Theres lauschten, wann sie endgültig verstummen werde. Aber Auguste verstummte nicht, sondern schimpfte auch im Garten immerzu. Schließlich trat doch Stille ein. Der Mutter liefen die Tränen über die Wangen, und auch Peterle jammerte: »Wo ist meine Gustje? Wo ist Gustje?«

Jetzt knarrte drunten die Haustür. Die Mutter eilte hinunter. Vater Löwenhaupt stand mit schweißbedecktem Gesicht und wirrem Haar da ... doch ohne Auguste.

»Wo ist sie?« fragte die Mutter.

Draußen im Garten hörte man jetzt wieder ein schnatterndes Schimpfen:

»Ick will min Ruh!
Lat mi in min Truh!«

»Ich habe es nicht vermocht. Oh, dieser Schwanengesang!« erklärte Vater Löwenhaupt.

Man brachte also die unbeschädigte Auguste wieder hinauf zum Peterle, das ganz glücklich seine »Gustje« zu sich nahm und, sie streichelnd, einschlief.

Inzwischen brütete Vater Löwenhaupt, wie er dennoch seinen Willen durchsetzen könnte, wenn auch auf möglichst schmerzlose Art. Er dachte nach, während er sich in bläulichgraue Wolken dichten Zigarrenrauchs hüllte. Plötzlich kam ihm die Erleuchtung. Am nächsten Tage mischte er der Gans Auguste in ihren Kartoffelbrei zehn aufgelöste Tabletten Veronal, eine Dosis, die ausreicht, einen erwachsenen Menschen in einen tödlichen Schlaf zu versetzen. Damit mußte sich auch die Mutter einverstanden erklären.

Tatsächlich begann am folgenden Nachmittag die Gans Auguste nach ihrer Mahlzeit seltsam herumzutorkeln, wie eine Traumtänzerin von einem Bein auf das andere zu treten, mit den Flügeln dazu zu fächeln und schließlich nach einigen langsamen Kreiselbewegungen sich mitten auf den Küchenboden hinzulegen und zu schlafen.

Vergebens versuchten die Kinder sie zu wecken. Auguste bewegte etwas die Flügel und rührte sich nicht mehr.

»Was ist Gustje?« fragte das Peterle.

»Sie hält ihren Winterschlaf«, erklärte ihm der Vater Löwenhaupt und wollte sich aus dem Staube machen. Aber Peterle hielt den Vater fest. »Weshalb hält Gustje jetzt den Winterschlaf?«

»Sie muß sich ausruhen für den Frühling.« Doch Vater Löwenhaupt war es nicht wohl bei dem Examen. Er konnte seinem Söhnchen Peterle nicht in die Augen sehen. Auch die Mutter und das Hausmädchen Theres gingen den Kindern soviel wie möglich aus dem Wege.

Peterle trug seine bewegungslose Freundin Gustje zu sich hinauf in die kleine Kiste. Als die Kinder nun schliefen, holte Theres die Gans hinunter und begann sie, da Vater Löwenhaupt versicherte, die zehn Tabletten würden einen Schwergewichtsboxer unweigerlich ins Jenseits befördert haben – Theres begann, wobei ihr die Tränen über die Wangen rollten, die Gans zu rupfen, um sie dann in die Speisekammer zu legen. Als Vater Löwenhaupt seiner Frau »Gute Nacht« sagte, stellte sie sich schlafend und antwortete nicht. Bei Nacht wachte er auf, weil er neben sich ein leises Schluchzen vernahm.

Auch Theres schlief nicht; sie überlegte, was man den Kindern sagen werde. Zudem wußte sie nicht, hatte sie im Traum Auguste schnattern gehört:

»Lat mi in Ruh, lat mi in Ruh!
Ick will in mi Truh!«

So kam der Morgen. Theres war als erste in der Küche. Draußen fiel in dichten Flocken der Schnee. Was war das? Träumte sie noch? Aus der Speisekammer drang ein deutliches Geschnatter. Unmöglich! Wie Theres die Tür zur Kammer öffnete, tapste ihr schnatternd und schimpfend die gerupfte Auguste entgegen. Theres stieß einen Schrei aus; ihr zitterten die Knie. Auguste aber schimpfte:

»Ick frier, als ob ick kein Federn mehr hätt,
Man trag mich gleich wieder in Peterles Bett!«

Jetzt waren auch die Mutter und Vater Löwenhaupt erschienen. Der Vater bedeckte mit seinen Händen die Augen, als stünde da ein Gespenst.

Die Mutter aber sagte zu ihm: »Was nun?«

»Einen Kognak, einen starken Kaffee!« stöhnte der Vater und sank auf einen Stuhl.

»Jetzt werde ich die Sache in die Hand nehmen«, erklärte die Mutter energisch. Sie ordnete an, daß Theres den Wäschekorb bringe und eine Wolldecke. Dann umhüllte sie die nackte frierende Gans mit der Decke, legte sie in den Korb und tat noch zwei Krüge mit heißem Wasser an beide Seiten.

Vater Löwenhaupt, der inzwischen zwei Kognak hinuntergekippt hatte, erhob sich leise vom Stuhl, um aus der Küche zu verschwinden. Doch die Mutter hielt ihn fest; sie befahl: »Geh sofort in die Breite Straße und kauf fünfhundert Gramm gute weiße Wolle!«

»Wieso Wolle?«

»Geh und frag nicht!«

Vater Löwenhaupt war noch so erschüttert, daß er nicht widersprach, seinen Hut und Überzieher nahm und eiligst das Haus verließ.

Schon nach einer Stunde saßen Mutter und Theres im Wohnzimmer und begannen, für Auguste aus weißer Wolle einen Pullover zu stricken. Am Nachmittag nach Schulschluß halfen ihnen die Töchter Elli und Gerda. Peterle aber durfte seine Gustje auf dem Schoß halten und ihr immer den neuen entstehenden Pullover, in dem für die Flügel, den Hals, die Beine und den kleinen Sterz Öffnungen bleiben mußten, anprobieren helfen. Bereits am Abend war das Kunstwerk beendet.

Schnatternd und schimpfend, aber doch nicht mehr frierend, stolzierte nun Auguste in ihrem wunderschönen weißen Wollkleid durchs Zimmer. Peterle sprang um sie herum und freute sich, daß Gustjes Winterschlaf so schnell zu Ende war, daß er wieder mit ihr spielen und sich unterhalten konnte.

Auguste aber schimpfte:

»Winterschlaf ist schnacke-schnick;
hätt ick mein Federn bloß zurück!«

Als Vater Löwenhaupt zum Essen kam und Auguste in ihrem schicken Pullover mit Rollkragen um den langen Hals dahertappen sah, meinte er: »Sie ist schöner als je! So ein Exemplar gibt es auf der ganzen Welt nicht mehr!«

Die Mutter aber erwiderte hierauf nichts, sondern sah ihn bloß an.

Natürlich mußte man für Auguste noch einen zweiten Pullover stricken, diesmal einen graublauen, zum Wechseln, wenn der weiße gewaschen wurde. Natürlich nahm Auguste als wesentliches Mitglied der Familie groß an dem Weihnachtsfeste teil. Natürlich war Auguste auch

das am meisten bewunderte Lebewesen des ganzen Stadt-
teils, wenn Peterle mit der Gans in ihrem schmucken
Sweater spazierenging.

Und als der Frühling kam, war Auguste bereits wie-
der ein warmer Federflaum gewachsen. So konnte man
den Pullover mit den anderen Wintersachen einmotten.
Gustje aber durfte jetzt sogar beim Mittagstisch auf dem
Schoß vom Peterle sitzen, wo sie ihr kleiner Freund mit
Kartoffelstückchen fütterte.

Sie war der Liebling der ganzen Familie. Und Vater
Löwenhaupt bemerkte immer wieder stolz: »Na, wer hat
euch denn Auguste mitgebracht! Wer?«

Die Mutter sah ihn dann lächelnd an. Peterle jedoch
echote: »Ja, wer hat Gustje uns mitgebracht«; und dabei
sprang er gerührt auf und umarmte den Vater; dann hob
er seine Gustje empor und ließ sie dem Vater »einen Kuß
geben«, was bedeutete, daß Auguste dem Vater Löwenhaupt schnatternd mit ihrem Schnabel an der Nase zwick-
te.

Spätabends aber im Bett fragte Peterle seine Gustje, indem er sie fest an sich drückte: »Warum hast du denn
vor Weihnachten den Winterschlaf gehalten?«

Und Gustje antwortete schläfrig: »Weil man mir die
Federn rupfen wollte.«

»Und warum wollte man dir die Federn rupfen?«

»Weil man mir dann einen Pullover stricken konnte«,
gähnte Gustje, halb im Schlaf.

»Und warum wollte man dir einen Pullover …«

Und da geht es auch bei Peterle nicht mehr weiter. Mit
seiner Gustje im Arm ist er glücklich eingeschlafen.

JOSEF LADA/OTFRIED PREUSSLER
Weihnachten mit Kater Mikesch

Der schöne warme Herbst ist dahin, der Winter hat Einzug gehalten, es friert, und der Schnee fällt. Da freuen sich die Kinder, weil es nun wieder an der Zeit ist, auf dem Weiher eiszulaufen, auf ihren Schlitten den Pfarrberg hinunterzurodeln und vor den Häusern Schneemänner zu bauen.

Auch Pepik lief gern Schlittschuh, und am meisten Spaß machte es ihm, wenn er Mikesch auf die Eisbahn mitnehmen konnte. Aber während des Sommers hatte der gute Kater den Winter vollständig vergessen, und als es nun plötzlich mit dicken Flocken zu schneien anfing, riss er die Augen auf wie ein Ochse, wenn's donnert.

Einmal in diesen Tagen baute Pepik vor dem Haus einen großen Schneemann. Der bekam zwei Kohlestückchen als Augen und eine Mohrrübe als Nase; auf den Kopf stülpte ihm Pepik Vaters alte Mütze. Mikesch machte unterdessen ein Nickerchen hinterm Ofen.

Gegen Abend erwachte er, dehnte sich gründlich und sagte zu Großmutter:

»Ich muss rasch noch mal in die Scheune, damit die Mäuse dort keinen Unfug anrichten!«

Er sprang vom Ofen, zog die Stiefel an und verließ ein bisschen schlaftrunken die Stube. Aber sofort kam er wieder zurück. Vor Angst standen ihm die Haare zu Berge.

»Großmutter, Großmutter«, stotterte er, »da draußen steht ein erfrorener Onkel! Er steht ein paar Schritte vor unserer Haustür und rührt sich nicht!«

Pepik und die Großmutter brachen in ein Riesenge-
lächter aus, und Großmutter sagte:

»Ach, Mikesch, du bist mir ein schöner Held! Du fürch-
test dich vor dem Schneemann, den unser Pepik heute
Nachmittag gebaut hat!«

Mikesch schämte sich und lief in die Scheune. Aber
am nächsten Tag half er Pepik einen zweiten Schneemann bauen, und so verflogen ihnen die Tage, bis Weihnachten vor der Tür stand.

Eines Donnerstags, als schulfrei war, verkrochen sich
alle drei Kameraden zu Paschik in den Stall. Draußen
herrschte strenger Frost, aber in Paschiks Stall war es warm
und gemütlich. Es waren nur noch wenige Tage bis zum
Fest, und so redeten sie miteinander vom Christbaum
und von der Weihnachtsbescherung.

Bobesch erzählte, wie schön es immer sei, wenn am
Heiligen Abend der Gemeindehirt auf seinem Horn vor
den Haustüren Weihnachtslieder blase, und was für schöne Geschenke er dann heimbringe.

Pepik wiederum schilderte seinen vierbeinigen Freun-
den, wie eine Weihnachtskrippe entsteht. Zunächst
schneiden die Kinder aus Papier allerlei kleine Figuren
aus, die Gestalten von Hirten, von Bauern und Bäuerin-
nen, von Kindern und Handwerksleuten. Dann basteln
sie aus starkem Packpapier eine Felsenlandschaft, streuen
glitzernden Sand darauf und bekleben sie mit Moospols-
tern. Auf diesen Felsengrund stellen sie das ausgeschnit-
tene Bethlehem, den Stall mit dem Jesulein, die Heiligen
Drei Könige und die anderen Krippenfiguren. Am Heiligen Abend bekommt dann das Ganze einen Platz unterm
Lichterbaum, und alle Kinder haben ihre Freude daran.

»Das ist alles sehr schön«, sagte Paschik, »aber ob auch wir Tiere etwas geschenkt bekommen?«

»Selbstverständlich!«, versicherte Pepik. »Jede gute Hausmutter beschenkt am Heiligen Abend ihre Haustiere. – Wisst ihr übrigens, dass ein Ochs und ein Eselein bei der Geburt des Jesuskindes dabei waren und es mit ihrem Atem gewärmt haben? Und die Geschichte von den Tieren, die nach Bethlehem pilgerten – die kennt ihr natürlich auch nicht! Aber wenn ihr wollt, dann kann ich sie euch erzählen.«

Tief im Wald lebte vorzeiten ein alter Einsiedler mit seinem Hund Lumpi. Dieser Einsiedler konnte weissagen, und oft sagte er wichtige Dinge voraus. Alle diese Weissagungen schrieb er in ein dickes Buch, und später sah er dort nach, ob er richtig prophezeit hatte.

Eines Tages holte der Einsiedler das Buch wieder einmal vom Wandbrett, setzte eine sehr bedeutsame Miene auf und weissagte: »In der Nacht vom vierundzwanzigsten auf den fünfundzwanzigsten Dezember dieses Jahres wird um Mitternacht in der Stadt Bethlehem das Jesuskind geboren werden, der Heiland der Welt. Es wird in einem armseligen Stall zur Welt kommen, auf blankem Stroh wird es liegen, nur ein Ochs und ein Eselein werden es mit ihrem Atem wärmen …« Da spitzte der Hund Lumpi die Ohren und lauschte, aber mehr erfuhr er nicht. Danach überlegte er den ganzen Tag, warum von allen Tieren nur Ochs und Esel die Ehre haben sollten, das Jesulein anzuhauchen. Hätte man den heiligen Dienst nicht so einteilen können, dass sich alle Tiere darin abwechselten? Aber was einmal geweissagt war, ließ sich wohl nicht mehr ändern.

Nun beschloss Lumpi, alle anderen Tiere zu benachrichtigen, damit jedes ein Geschenk für das Jesulein vorbereite. Er lief in den Wald zu der schwatzhaften Elster. Ihr erzählte er, was er von seinem Herrn, dem Einsiedler, vernommen hatte. Die Elster riss staunend den Schnabel auf. Dann flog sie davon, um die große Neuigkeit im ganzen Wald zu verkünden.

Nun überlegten die Tiere fleißig, welche Gaben sie für das Jesulein zurüsten sollten.

Manche hatten sogleich ein schönes Geschenk bereit, andere zerbrachen sich lange vergeblich den Kopf, bis ihnen etwas Passendes einfiel.

Die Gans zupfte sich jeden Tag ein paar Flaumfedern aus und verwahrte sie in einem alten Mehlsack. Davon sollte das Jesulein ein Federbett bekommen.

Die Geiß holte sich bei ihr Rat, was sie schenken solle. »Ich habe doch gar nichts, was ich schenken könnte«, klagte sie. Beide überlegten hin und her, bis ihnen ein feiner Gedanke kam. Von dieser Zeit an musste sich die alte Bäuerin, der die Geiß gehörte, schrecklich mit ihr ärgern, denn sie wollte sich plötzlich nicht mehr melken lassen: Sie sparte ihre Milch als Geschenk für das Christkind auf.

Der Iltis wollte dem Jesulein eigenhändig eine weiche Pelzdecke überreichen. Aber er befürchtete, wegen seines Gestankes werde man ihm den Zutritt zur Krippe verwehren. Deshalb scheuerte er sich täglich am Bach und rieb sich mit wohlriechenden Kräutern ein, dass er bald duftete wie ein ganzer Gewürzladen.

Der Dachs, dieser alte Eigenbrötler, war ganz betrübt. »O weh!«, jammerte er. »Warum muss das Jesulein ausgerechnet im Winter zur Welt kommen, wenn ich im tiefsten Winterschlaf liege? Nun werde ich das schöne Fest verschlafen!« Und er klagte sein Leid dem Gevatter Fuchs. Meister Reineke schaffte Rat. Er selbst holte aus dem Jägerhaus eine Weckeruhr und lehrte den Dachs, wie man sie stellte und aufzog.

So ließ sich nun der alte Griesgram Nacht für Nacht aus dem Winterschlaf wecken und sah nach, ob das Bündel Süßholz, das er für das Jesulein vorbereitet hatte, noch an seinem Platz lag. Dann schlief er zufrieden weiter, bis ihn am nächsten Tag das Weckerrasseln von Neuem aufschreckte.

Aber als er sich wieder einmal die Augen rieb, setzte er sich verwundert auf, weil seine Höhle von goldenem Glanz erfüllt war. Nun blickte er zum Fenster hinaus, und das Herz im Leib stockte ihm.

Draußen am Himmel strahlte ein gewaltiger Stern. Dies war für die Tiere das Zeichen, dass es nun Zeit sei, sich aufzumachen. Der Bär und der Iltis, der wilde Eber und das übrige Waldgetier stiegen von den Berglehnen und den bewaldeten Gipfeln ins Tal hernieder. Einträchtig zogen sie mit den Haustieren auf der Landstraße nach Bethlehem.

Auf einem ruhigen Steiglein hastete die Schnecke dahin. Unterwegs holte sie der Frosch ein.

»Ich eile zum Jesulein und will ihm mein Häuschen anbieten«, prahlte sie, »denn ich habe gehört, dass es in einem armseligen Stall zur Welt gekommen ist.«

So kamen die Tiere aller Arten herbeigeströmt. Sie drängten sich um den Stall, jedes trug sein Geschenk und wartete geduldig, bis es eintreten durfte. Am Eingang des

Stalles sorgte der Polizeihund für Ordnung. Er prüfte die Gaben und ließ ein Tier nach dem anderen zur Krippe hinein. Den mächtigen Elefanten, der größer war als der ganze Stall, bat er höflich, sich vor dem Stall auf die Vorderpfoten zu knien; auch so könne er das Jesulein hübsch aus der Nähe betrachten.

Hinter dem Stall lag der Löwe auf der Lauer; er strich sich den Schnurrbart glatt und knurrte: »Ich laure hier auf den König Herodes, der das Kind in der Krippe umbringen lassen will!«

Immer neue Tiere kamen zum Stall von Bethlehem. Amseln, Drosseln und Nachtigallen flogen herbei und sangen dem Jesulein Wiegenlieder.

Auch die Schlange glitt heran und schenkte dem Christkind ihre alte Haut; die war zu einem Röllchen zusammengewickelt, aber wenn man sie aufpustete, konnte man meinen, es werde wieder eine richtige Schlange daraus.

Der Schlange folgte das Eichhörnchen mit einem Sack voll Haselnüssen auf dem Rücken; die waren von der allerbesten Sorte, denn es hatte sie eigenhändig ausgewählt.

Der Bär brachte auf einem Stück Birkenrinde eine Honigwabe. Er war völlig verschwollen, so sehr hatten ihn die Bienen zerstochen; aber er lachte fröhlich von einem Ohr zum andern, als er sah, wie sehr sich das Jesulein über seine Gabe freute.

Die Affen hüpften vor der Krippe umher, sie schnitten Grimassen, vollführten allerhand Kunststücke und schossen Purzelbäume, dass es ein allgemeines Gelächter gab. Auch das Jesuskind lachte von Herzen mit.

Als aber die Zeit gekommen war, da die Hirten zur

Krippe kommen sollten, ließ der Polizeihund nur noch die Gans mit ihren Bettfedern zum Jesulein vor. Dann forderte er die Tiere auf, in aller Ordnung nach Hause zu wandern. Da gehorchten sie und gingen auseinander.

Nie mehr konnten die guten Tiere diese schöne Stunde vergessen. Noch ihre Enkel und Urenkel sprachen davon, und in manchen Tierfamilien hat sich die Geschichte bis auf den heutigen Tag erhalten. Unlängst belauschte ich eine Katzenmutter, die ihren Kätzchen davon erzählte. Sie hat aber nicht gemerkt, dass ich ihr dabei zuhörte.

JOHN VON DÜFFEL
Von den Jahreszeiten des Körpers

»Und, was wünschst du dir zu Weihnachten?«

Es ist dieselbe Frage wie jedes Jahr, und ich antworte mehr oder weniger das gleiche: »Leere Fußgängerzonen.«

Sie schnauft ins Telefon, noch immer die gute alte Empörung – wie früher, wenn wir beim Gedichteaufsagen unterm Tannenbaum nicht mehr weiterwußten und Unsinnsverse erfanden, um an unsere Geschenke zu kommen. Sie schnaufte und lachte immer am lautesten, viel lauter als unsere Eltern. Doch sie schickte uns jedes Mal wieder auf unser Zimmer, bis wir den Text richtig konnten. Vorher gab es keine Bescherung. Das war ein ungeschriebenes Gesetz.

»Ich bitte dich«, insistiert sie, »irgendwas mußt du dir doch wünschen.«

»Dir fällt schon was ein«, vertröste ich meine tapfere und sehr alleinstehende Patentante, die seinerzeit jedes Jahr zu Weihnachten angereist kam und noch vor Silvester wieder verschwand. Sie schien zu dem erweiterten Personal des Christkinds zu gehören: eine Art weiblicher Knecht Ruprecht, den ich mir irgendwann gar nicht mehr anders vorstellen konnte als mit ihrem Gesicht und ihrem Humor. Wenn jemand für mich Weihnachten verkörperte, dann war sie es. Und sie hielt unbeirrbar an den Ritualen aus Kindertagen fest, auch nachdem wir längst erwachsen waren und seit Jahren nicht mehr gemeinsam feierten. Nur daß ihre Gaben jetzt Paketform angenommen hatten.

Wir verabschieden uns. Ich habe es mal wieder eilig. Ihr zuliebe würde ich mir gerne etwas wünschen, eines dieser seltsam entrückten Dinge, die man sich nicht selbst kaufen kann, auch wenn sie gar nicht viel kosten. Doch das fällt mir mit der Zeit immer schwerer. Wünsche sind nichts ohne Magie. Sie müssen von dem Kinderglauben beseelt sein, etwas zu bewirken. Wenn man am Ende nicht das Gefühl hat, sich seine Geschenke regelrecht herbeigewünscht zu haben, sind sie im weihnachtlichen Sinne nichts wert.

Ich verlasse das Haus und muß an die Marzipankugeln denken, die meine Tante mir seit Jahren schickt. Die Pullover, Hemden, Schlafanzüge wechseln unter den ondulierten Geschenkschleifen. Doch eine Packung Marzipankugeln liegt immer dabei. Das ist Tradition. Ich esse keine Marzipankugeln. Als Kind habe ich derlei vielleicht einmal gemocht, ich kann mich kaum noch daran erinnern. Irgendwann mit zwanzig habe ich aufgehört, Süßigkeiten zu essen. Inzwischen liegt mir nichts ferner als eine in Zimt gewälzte Marzipankartoffel. Doch ich brächte es nicht übers Herz, ihr das zu sagen. Es würde nachträglich fast fünfzehn Jahre Weihnachtspost entwerten.

Ich schultere meine Sporttasche und mache mich auf den Weg zum letzten Training des Jahres. Die Straßen sind regennaß. Die Dämmerung ist mit den Wolken früh hereingebrochen. Es war eigentlich kaum Tag. Aus einem Multiplex-Kino strömen kostümierte Harry-Potter-Kinder heraus, und andere, mit genau den gleichen Kostümen, drängen hinein. Was wäre Weihnachten 2001 ohne diesen Film? Ich gehe schneller, um nicht zwischen die Kinderhorden zu geraten, die mit ihren Zauberhüten und Umhängen durcheinanderwogen wie schunkelnde Karnevalisten zu Beginn der fünften Jahreszeit. An der Kreuzung sehe ich im Sprühnebel gerade noch die Rücklichter vom Coca-Cola-Truck. Vielleicht auch nicht. Dann stehe ich vor dem Fitneß-Studio.

Ich trete nicht gleich ein. Aus irgendeinem Grund fehlt mir die richtige Motivation. Seit Tagen kann ich mich nur zum Training überreden, indem ich mir sage, es sei das letzte Mal: mein endgültiges Abschiedsworkout. Doch keine vierundzwanzig Stunden später meldet sich inmitten der bleiernsten Büromüdigkeit mein schlechtes Körpergewissen, und ich raffe mich wieder auf, zum vermeintlich allerletzten Mal. Ich fühle mich, als hätte ich die Erschöpfung eines ganzen Jahres in den Knochen. In jeder Muskelfaser spüre ich die Dauer der vergangenen Zeit. Ich beiße die Zähne zusammen und versuche ein Lächeln, so will es der Studio-Brauch. Aber ich gehe nicht hinein, sondern bleibe noch einen Augenblick vor dem Schaufenster stehen.

DIE WINTERSPECK-OFFENSIVE heißt es in Großbuchstaben auf einer Banderole, die über eine Schrägbank mit Langhantelaufhängung drapiert ist. Daneben steht ein mit Lametta dekorierter Rad-Ergometer. Zu dessen Füßen breiten sich ringförmig allerlei Pflegeprodukte für Sonnenbankbenutzer aus, zusammen mit diversen Aufbaupräparaten und Slim-Fast-Pulverdrinks, zwischen denen bunte Lichter blinken. Auch die Fitneß-Studios kommen an der Jahreszeit nicht ganz vorbei.

Eigentlich mag ich schlechten Geschmack. Ich hatte schon immer eine Schwäche für das Unmögliche, das mir ehrlicher vorkommt als irgendein unangreifbares Design. Doch die Lust an der Perversion, mich zwischen Christbaumkugeln und Plastikschnee abzurackern, will sich heute nicht so recht einstellen. Ich mag meinen Körper nicht um die Müdigkeit betrügen, die mehr ist als nur das übliche Biotief nach mehreren Stunden Schreibtischtäterei. Sie gehört dem alten, zur Neige gehenden Jahr.

Drei Freundinnen im Partnerlook mit ziemlich identischen Stirnbändern und Pferdeschwänzen steigen aus einem silbergrauen Passat und verschwinden, ihre kindersarggroßen Sporttaschen schwenkend, im Eingang.

»Nein!« ruft die eine.

»Doch!« jauchzt die andere.

Und die dritte fragt: »Sag mal, wie wird man eigentlich schwanger?«

Ihr Gelächter wird von der sich schließenden Tür abgeschnitten, während ich weiter so tue, als würde ich mit großem Interesse die Geschenkabo-Offerten und Festtagstarife studieren, die an der Schaufensterscheibe kleben. Natürlich könnte ich den dreien hinterhergehen und ihnen in groben Zügen erklären, wie man schwanger wird. Doch so seltsam diese Frage aus dem Mund einer erwachsenen Frau auch klingen mag, sie hat im Fitneß-Studio ihre Berechtigung. Gerade weil der Körper dermaßen im Mittelpunkt steht, sind Fitneß-Studios die asexuellsten Orte der Welt. Natürlich geht es ums Sehen und Gesehenwerden. Blicke wandern hin und her. Mit jedem Lidschlag werden Urteile gefällt. Und in den Spiegelwänden des Maschinenparks begegnet Narziß dem vervielfachten Abglanz fremder und verwandter Traumanatomien. Doch es gibt keine Nähe auf diesem Jahrmarkt der Eitelkeiten. Es wird verstohlen bewundert oder heimlich verachtet, aber alles aus der Distanz. Undenkbar ist die Berührung der Bilder. Wie also wird man schwanger?

Ich sehe die drei Stirnbandträgerinnen vor mir wie in Großaufnahme, ihre auf und ab wippenden Sommerkörper, die sich vom Laufband jederzeit in eine Palmen-, Sonnen-, Sandkulisse verpflanzen ließen. Statt »die Winterspeck-Offensive« hätte es im Schaufenster auch heißen können: »Strandfigur das ganze Jahr!« Und die Kombination von solariumgebräunter Haut mit scharlachroten Christbaumkugeln, von Jinglebells und Körpertraining trifft mich in ihrem ganzen Aberwitz. Schlagartig wird mir klar: Mein endgültiges Abschiedsworkout war schon. Gestern.

Ich gehe.

Vielleicht ist das falsch. Vielleicht ist es feige oder einfach nur bequem, der Schwere der Jahreszeit nachzugeben und sich hinunterziehen zu lassen von der biologisch verhängten Winterschläfrigkeit, die sich über den halben Erdball stülpt. Aber es fühlt sich richtig an. Ich kann gar nicht anders, als diese angenehme Lähmung zuzulassen und für Momente der Naturstarre nachzuspüren, die das Astwerk kahler Bäume wie gefrorene Finger in den Himmel dreht. Es ist jetzt nicht die Zeit des Machens, sondern des Geschehenlassens. An die Stelle des eisernen Willens, der dem Leben bedingungslos seine Gestalt aufzuzwingen versucht, tritt eine gehörige

Portion Wundergläubigkeit, die nach Zimt schmeckt. Es ist die finsterste und zugleich trostvollste Zeit des Jahres, und ich gehe weiter mit einem unerklärlichen Vertrauen in die Dunkelheit.

Ziellos streife ich noch eine Weile um die Häuserblocks und schleppe meinen Schatten an erleuchteten Wohnzimmerfenstern vorbei. Das habe ich immer gemocht, den tiefgelben Schimmer hinter Vorhängen, warmes Licht, die Heimeligkeit der guten Stube, von draußen betrachtet. Und wenn ich mir jetzt etwas wünschen könnte, dann wäre es dies: drinnen bei einer dampfenden Tasse Tee zu sitzen, mit einem guten Buch auf den Knien und dem Lichtkranz einer alten Stehlampe um mich herum. Ich würde mir wünschen, drinnen zu sitzen und mir dabei von draußen zuzusehen.

Ich spiele kurz mit dem Gedanken, meine Tante anzurufen und ihr das zu erzählen. Aber sie würde nur schnaufen und es für einen meiner Scherze halten. Statt dessen kaufe ich mir am Kiosk eine Packung Marzipankartoffeln, reiße sie heißhungrig auf und rieche daran.

FRANK GOOSEN
Jobs

Es gibt eine Menge öder Jobs in dieser Welt, und in der Weihnachtszeit sind es noch mehr, noch ödere Jobs, und ich hatte schon früh Gelegenheit, die Tiefe dieser Ödnis bis ins letzte auszuloten.

Einmal habe ich aushilfsweise bei der Telefonauskunft gearbeitet und hatte da immer wieder mit Anrufern zu kämpfen, welche die gesamte Palette des alltäglichen Wahnsinns dieses Landes repräsentierten, Leute, die eigentlich gut weggeschlossen gehören, statt dessen aber die Nachmittagstalkshows bevölkern – oder eben Amok telefonieren.

»Ich habe da vor drei Wochen auf einer Feier mit einer Frau Schmidt gesprochen, die hat gesagt, sie wohnt in Braunschweig, können Sie mir da die Nummer sagen?«

»Haben Sie vielleicht einen Vornamen oder eine Adresse?«

»Hannover!«

»Wie bitte?«

»Es war Hannover. Braunschweig war Lampe.«

»Lampe?«

»Frau Lampe, aber das war auch eine andere Feier. Schmidt war Hannover. Mit dt.«

Ich war verwirrt. »Hannover mit dt?«

»Tja, das weiß ich jetzt auch nicht. Auf jeden Fall Schmidt. Oder Schmitt. Vielleicht auch Schmid. Nein, warten Sie, es war Lorant. Und in Hamburg.«

Am liebsten waren mir die, die genau wußten, was sie

wollten: »Finke, Horst, Bochum, Am Kabelbrand 27, zweiter Stock rechts, Nichtraucher, zieht nach einem Arbeitsunfall das linke Bein nach, verheiratet mit Emmy Finke, geborene Anselm, Hausfrau, Hüftprobleme, aber zack, zack!«

Zur Weihnachtszeit legten die Idioten alle noch mal einen Scheit ins Feuer ihres Wahnsinns und setzten echte Glanzlichter.

»Geben Sie mir die Nummer vom Weihnachtsmann!«

»Entschuldigung?«

»Die Nummer vom Weihnachtsmann, aber dalli!«

»Ich weiß nicht, was ...«

»Soviel ich weiß, wohnt er am Nordpol. Die Straße weiß ich jetzt nicht. Aber sehr viele Leute, die Weihnachtsmann heißen, wird es da ja wohl nicht geben.«

»Soll das ein Witz sein?«

»Sind Sie die Auskunft?«

»Ja, sicher, aber ...«

»Wenn ich einen Witz erzählen will, dann rufe ich die Lachsack-Hotline an. Von Ihnen will ich nur eine Telefonnummer!«

»Der Weihnachtsmann hat kein Telefon«, versuchte ich den Typen loszuwerden, aber ich ahnte schon, daß es so einfach nicht sein würde.

»Ach, kommen Sie mir doch nicht mit *dem* Blödsinn! Er verschenkt die Dinger zu Zigtausenden. Ich wette, er hat einen 1A-ISDN-Anschluß mit Bildtelefon und Rufweiterleitung auf sein internetfähiges Handy und 32 E-Mail-Adressen.«

»Weihnachtsmann, sagten Sie?«

»Genau. Mit einem W wie in ... Weiß ich jetzt auch nicht.«

»Tut mir leid, da habe ich keinen Eintrag. Am Nordpol habe ich einen Weigand und zwei Weihermanns, aber keinen Weihnachtsmann.«

»Wollen Sie mich verscheißern?«

»Nein, ich …«

»Na gut, dann geben Sie mir die Nummer vom Christkind, in drei Teufels Namen.«

Ich hätte lieber in Australien einem Dingo Heisenbergs Unschärferelation erklärt, als diesem Deppen den Weihnachtsmann auszureden. »Kristkind sagten Sie? Mit K?«

»Sagen Sie mal«, sagte der Mann, »wissen Sie eigentlich, wer nun wirklich die Geschenke bringt?«

»Wie meinen Sie das?«

»Na ja, ich meine, in den Fußgängerzonen lungern doch in der Adventszeit ständig diese fetten Typen mit den Bärten und den roten Kitteln herum und hören sich an, was sich die Kinder zu Weihnachten wünschen. Am Heiligen Abend heißt es aber, das Christkind bringt die Geschenke. Das ist doch komisch, oder?«

»Darüber habe ich mir, ehrlich gesagt, noch keine Gedanken gemacht.«

»Ich meine, ist das Christkind jetzt so eine Art Assistent vom Weihnachtsmann, oder arbeitet der Weihnachtsmann fürs Christkind? In Amerika ist es ja ganz klar, da bringt der Weihnachtsmann die Geschenke, und zwar durch den Kamin, aber was macht der in einem Neubaukomplex in, sagen wir mal: Philadelphia? Da gibt es keine Kamine. Haben Sie sich wenigstens darüber mal Gedanken gemacht?«

»Also, wenn ich ehrlich bin …«

»Außerdem heißt der amerikanische Weihnachtsmann Santa Claus. Und ›Santa‹ ist ein Anagramm von ›Satan‹. Wußten Sie das? Und hinten heißt er auch noch Claus! Da stimmt doch was nicht!«

»Satan, also, ich weiß nicht …«

»Außerdem hat das Wort ›Weihnachtsmann‹ vierzehn Buchstaben, nur einer mehr als dreizehn, das ist doch ein schlechtes Omen. Und vielleicht ist das auch ein Anagramm von irgend etwas.«

»Meinen Sie wirklich?«

»Es könnte heißen: ›Wann heist nach m‹, aber das ergibt natürlich keinen Sinn. Ein wenig anders sieht es aus mit ›Mann weist nach‹, aber dann bleibt ein h übrig. Oder auch: ›Heimann wacht sn‹. Aber wer ist Heimann? Und was bedeutet sn? Ist das ein Code oder was? Oder auch ›Hach wein mannst‹ oder ›Hach weis mannt‹ oder ›Heim wach sannt‹, dann bleibt nur wieder ein h übrig, aber das könnte Absicht sein.«

»Wenn Sie meinen …«

»Sehen Sie, und das wollte ich diesen Herrn mal fragen. Da sind einfach zu viele Unklarheiten, was das Weihnachtsfest angeht, und wer sollte mir meine Fragen beantworten können, wenn nicht dieser verdammte Herr Weihnachtsmann? Also rücken Sie jetzt die Nummer raus oder nicht?«

Ich gab ihm dann die Nummer vom Bundeskanzleramt. Das kam dem Weihnachtsmann noch am nächsten.

Ein anderes Mal hielt ich es für eine gute Idee, in der Vorweihnachtszeit einen Job in einem großen Buchladen anzunehmen. Drei Wochen lang mußte ich jeden Tag acht Stunden lang Bücher in Geschenkpapier wickeln. Tesafilm wurde mein zweiter Vorname, und nach zehn Tagen bekam ich Augapfelschleudern von diesen dämlichen Weihnachtsmännern, Engelchen, Rentieren und Schlitten und Schneeflocken auf dem Papier. Und das Einpacken wäre ja noch zu ertragen gewesen. Ganz und gar unerträglich waren die Leute, mit denen ich da zu tun hatte. Die drei Wochen waren eine einzige Abfolge von streßverzerrten Fratzen, die in jeder Stephen-King-Verfilmung eine Hauptrolle bekommen hätten. Zur Weihnachtszeit treiben sich Leute in Buchläden herum, die ansonsten nicht mal die Beipackzettel ihrer Psychopharmaka lesen.

Einmal stand so ein feister Typ mit struppigem Dreijahresbart vor mir, der auch bei Schneeregen und Graupelschauer nicht von seinem violetten Jogginganzug aus Ballonseide lassen wollte, obwohl seine einzige Beziehung zu sportlicher Tätigkeit darin bestand, im Unterhemd vor dem Fernseher zu liegen und zu brüllen: »Lauf, du faule Sau!« Der Feistbauch in der Ballonhülle stemmte die Arme in die Hüften, um mir eine gute Prise von seinem körpereigenen Achselduft zu geben, knallte ein dämliches Zweifünfundneunzig-Pop-up-Kinderbuch auf den Tisch und schnauzte mich an: »Los, hier, pack ma ein, Kollege, aber mach hin. Nee, nicht dat Papier mit die Sterne, hasse nich wat mit Schnee. Nee, Schnee sieht au scheiße aus, wat is datt denn hier, mit die Engel? Die sind ja nackend! Wat ne Sauerei. Und wie die in die Hörner tröten, nee, dat kann ich meinem Dennis Kevin Pascal nich zumuten. Hasse nich wat neutralet, oder vielleicht mit Tannenbäume? Oder Nüsse drauf?«

»Soll ich deine nehmen?« – dachte ich, hielt aber meinen Mund.

Und dann hatte ich wieder Gelegenheit, mich zu fragen, wann es endlich ein Gesetz gibt, das es Eltern verbietet, ihren Kindern Namen zu geben, die sich anhören wie Damenbinden. Der Kerl drehte sich um und brüllte durch den ganzen Laden: »Kamelia, komm bei mich bei!« Das war der Antichrist, soviel war klar.

Fast noch schlimmer waren Mütter. Mütter mit Kindern. Wer jemals geglaubt hat, Frauen seien das freundlichere, sensiblere, geschmackvollere Geschlecht, wird während der Weihnachtszeit eines viel Besseren belehrt.

»Hier! Einpacken!«

»Dürfte ich bitte Ihre Quittung sehen?«

»Wieso?«

»Damit ich weiß, daß Sie das Buch hier gekauft haben.«

»Ja, was glauben Sie denn, Sie Affenarsch? Daß ich das Buch von zu Hause mitbringe, nur um es mir einpacken zu lassen? Herrgott, Chantal, was soll der Lolli in dem Buch, das kaufen wir doch gar nicht! Also, ich habe dieses Scheißding gerade gekauft und will jetzt, daß Sie mir das einpacken, aber bitte recht hastig!«

»Zuerst muß ich Ihre Quittung sehen.«

»Denise, nimm sofort das Kaugummi aus dem Ohr von dem Jungen! Ich habe keine Quittung, verdammte Kacke noch mal.«

»Dann kann ich Ihnen das Buch nicht einpacken.« Ich kam mir zwar vor wie ein faschistoider Hausmeister, der kleinen Kindern in einer Hochhaussiedlung das Spielen im Hausflur verbietet, aber langsam machte mir die Sache Spaß. Blöde Zicke, dachte ich, du mußtest ja unbedingt deinen Genschrott vervielfältigen, jetzt werde auch damit fertig.

»Ich verlange ja nicht von Ihnen, mir dieses verdammte Ding hier in Platin einzuschlagen, Sie sollen mir nur einen scheißbunten Bogen drummachen, damit dieser Mist hier wenigstens ein bißchen nach Furz-Weihnachten aussieht, ist das zuviel verlangt? Olivier, nimm den Finger aus dem Popo deiner Schwester!«

»Nun, ohne Quittung ...«

Die Frau holte tief Luft, und dann schnellte ihre sehnige, an den Nägeln rot lackierte Kralle auf mich zu, packte mich am Hemd und zerrte mich halb über den Tisch. Unsere Nasenspitzen berührten sich fast. Der Atem der Frau roch nach etwas, das schon vor Jahren gestorben war. »Also, mein fetter, haarloser Freund, ich kämpfe mich seit vier Stunden mit drei Kindern durch diesen Truppenübungsplatz, den man Weihnachtsmarkt nennt, ich wurde getreten, verprügelt, bespuckt und beschimpft, ich weiß jetzt, wie sich Serienmörder fühlen, bevor sie ihre Opfer aufschlitzen, und wenn dieses beschissene Buch nicht in acht Sekunden in dieses verfickte Papier eingewickelt ist, schwör ich Ihnen, können Sie Ihre Eier am Heiligen Abend zu den anderen Kugeln an den Tannenbaum hängen, haben wir uns da verstanden?«

Ich schaffte es in sechs Sekunden.

Danach verließ ich aufrechten Ganges das Geschäft, wandte mich nach Norden und ging immer weiter geradeaus. Ich war ein armer, einsamer Arbeitnehmer in einem geringfügigen Beschäftigungsverhältnis, weit weg von zu Hause. Und jetzt war ich auf dem Weg an den Nordpol, um dort einem dicken alten Mann mit rotem Mantel und weißem Bart die Hucke vollzuhauen.

Interview mit dem Weihnachtsmann

ECKART VON HIRSCHHAUSEN
Schöne Bescherung.
Mein Weihnachten als Weihnachtsmann

Dieses Bild werde ich nie vergessen: ein ganzer Hörsaal voller Weihnachtsmänner, mitten in der Rostlaube der Freien Universität Berlin. Lauter rote Gewänder mit Kapuze, einer neben dem anderen, dazwischen ein paar versprengte Engelchen, aber damals, als ich 1986 mein Medizinstudium anfing, war die Genderdiskussion noch nicht so weit wie heute und alle Weihnachtsmänner waren unrasiert und mit Sack. Es waren noch 14 Tage bis zum Heiligen Abend, aber die TUSMA hatte alle Studenten, die sich für diesen Job beworben hatten, zur Einführungsvorlesung einbestellt. TUSMA hieß nicht umsonst »Telefonieren und Studenten machen alles!«. Und verglichen mit den üblichen Aushilfstätigkeiten zum Minimaltarif war die Aussicht auf einen Job als Aushilfe des Weihnachtsmannes extrem lukrativ. Anders als Lager einräumen oder Fahrerdienste, war hier psychologisches Geschick gefordert. Denn man bewegte sich auch schon vor der Klimaerwärmung als Weihnachtsmann auf traditionell dünnem Eis. Und so bläute uns der Oberweihnachtsmann ein, was die größten Klöpse seien, die absoluten HoHoHo-No-Gos sozusagen: erstens Alkohol annehmen. Die Erfahrung lehrt, dass man angebotene Gläser besser nicht leert. Vor allem nicht zu Beginn der Tour, wenn noch viele Kinder und Familien auf einen warten. Zweiter Fauxpas: Unpünktlichkeit. Denn auch wenn der Weihnachtsmann von »drauß vom Walde« herkommt, wird in der Stadt erwartet, dass er zum Wunschtermin eintrifft, und damit ist nicht nur der Tag gemeint, sondern auf die Minute. Dritte Tücke: misslungene oder unvollständige Maskerade. Egal ob man nun Theaterwissenschaften, Politik oder Soziologie studierte, die Weihnachtszeit war nicht der Moment für Verfremdungseffekte durch Bruch mit den Erwartungen, die Entlarvung überkommener bürgerlicher Denkstrukturen oder gar Diskussionen über spezifische Rollenverständnisse. Nein, wir waren Dienstleister und hatten als solche auch die Pflicht, der Illusion der Harmonie Vorschub zu leisten, gegen Barzahlung.

Des Weiteren wurde die Kenntnis von den üblichen Gedichten und Liedern vorausgesetzt, und notfalls konnte man die sich ja auch in das große Buch kleben, was zur Ausstattung gehörte wie Kostüm, Sack, Bart, Stiefel und Rute.

Als Neuling wurde ich vor dem verantwortungsvollen Einsatz in der Nacht aller Nächte auf Eignung getestet. Und auch als Weihnachtsmann fängt man erst mal ganz unten an. Ohne Knecht, ohne Schlitten, ganz auf sich alleine gestellt. Und ganz unten heißt auch: Animation im Einkaufszentrum. Ich hatte mich schon zu Hause umgezogen, weil nicht klar war, ob es vor Ort eine Umkleide geben würde. Busfahren als Weihnachtsmann in Berlin ist nichts wirklich Besonderes. Denn der Berliner an sich ist ja schwer aus der Fassung zu bringen. Der Busfahrer beschwerte sich auch nicht, dass ich dem Bild auf meiner Monatskarte an dem Tag nicht besonders ähnelte. Nur die Kinder schauten etwas irritiert, aber ich ließ mir nicht anmerken, dass die ganze Rolle und Situation für mich ja auch neu war. Ich konzentrierte mich auf meinen Auftrag, der da lautete: Bonbons und gute Laune verbreiten.

Was einem beim Vorbereitungstag keiner gesagt hatte: Was tut man, wenn man als Weihnachtsmann einem anderen Weihnachtsmann begegnet? Begrüßen? Ignorieren? Duellieren? Irgendetwas Unverständliches in den Bart murmeln von wegen »na, das ist ja eine Überraschung, Niko, altes Haus, du auch hier…« war auch keine Lösung.

Denn schließlich gibt es der Legende nach ja nur den einen, den richtigen! Nun ist das wie an den anderen Tagen im Jahr so eine offene Frage, ob es den oder die Richtige überhaupt gibt und ob diese romantische Illusion mehr Freud oder mehr Leid über die Menschen gebracht hat, aber im Falle des Nikolauses oder Weihnachtsmannes war es nun mal Teil der Bewunderung durch die Kinder, dass dieser ältere alleinstehende Mann die ganze Logistik der Geschenke gefälligst irgendwie gebacken bekommt, auch wenn es nicht überall Landeplätze, Schornsteine oder Schnee gab – egal. In der Phantasie war alles möglich. Aber was passiert in der Phantasie eines Kindes, wenn es im Einkaufszentrum alle fünf Meter real einen anderen Weihnachtsmann gibt, weil mehrere Einzelhändler auf die glorreiche Idee gekommen sind, einen bei der TUSMA zu bestellen? Wie jetzt eine dauerhafte Traumatisierung verhindern? Ich trat die Flucht nach vorn an, genauer gesagt, auf die Rolltreppe. Ich dachte, wenn ich erst mal ein von fremden Weihnachtsmännern unbewohntes Terrain für mich hätte, würde ich meine süße Last irgendwo heimlich loswerden und meine gebuchten Stunden würden irgendwie vergehen. Was ich auf der Rolltreppe nicht bemerkt hatte: Ein besonders cleveres, leicht übergewichtiges Kind folgte mir, vielleicht weil es die Füllungszustände der Säcke unter den Kollegen verglichen hatte und messerscharf schloss, dass es bei mir noch am meisten Hochkalorisches zu holen gab. Was ich ebenfalls nicht bemerkt hatte: Ich hatte Anfängerfehler Nummer drei begangen und trug unter meinem roten Mantel keine Stiefel, sondern Turnschuhe. Nun haben Rolltreppen die dumme Angewohnheit, dass sie einen rein mechanisch je nach Anzahl der Stufen beim Vordermann entweder auf den Hintern starren lassen – oder eben auf die Füße. Ich merkte, wie der Junge hinter mir anfing zu lachen. Erst wusste ich nicht, worüber, dann prustete es aus ihm heraus: »Der Weihnachtsmann hat ja Turnschuhe an!« Ich zuppelte an meinem roten Mantel, aber der günstige Stoff hatte keinerlei elastische Eigenschaften und gab nicht nach, aber unbarmherzig den Blick auf mein unvollständiges Schuhwerk frei. Ich wurde rot, was mir hinter dem Bart eigentlich auch egal sein konnte. Viel schlimmer: Ich fühlte mich mit der ganzen Verkleidung plötzlich so nackt. So entlarvt. So falsch wie nur was. Mir schoss das Märchen von »Des Kaisers neue Kleider« durch den Kopf und ich fragte mich, ob nach der Entlarvung durch das Kind mich auch alle Erwachsenen jetzt nackig sehen könnten. Schöne Bescherung! Der Junge holte mich in die Realität zurück, indem er am Rockzipfel zupfte und mit einem breiten Lächeln die Hand aufhielt. Und in dieser Geste und dem Gesichtsausdruck schwang das Versprechen mit: Wenn du mir jetzt alles gibst, was sich noch in deinem Sack befindet, dann verpfeif ich dich nicht. Ich zwinkerte ihm zu. Der Pakt mit dem kleinen Teufel war geschlossen. Er bekam, was er wollte. Und ich machte mich so schnell es ging aus dem Staub und in die oberen Geschosse unsichtbar. Gut, dass ich Turnschuhe anhatte.

Interview mit dem Weihnachtsmann
Eine vorweihnachtliche Betrachtung

Es hatte schon wieder geklingelt. Das neunte Mal im Verlauf der letzten Stunde! Heute hatten, so schien es, die Liebhaber von Klingelknöpfen Ausgang. Mürrisch rollte ich mich türwärts und öffnete.

Wer, glauben Sie, stand draußen? Sankt Nikolaus persönlich! In seiner bekannten historischen Ausrüstung. »Oh«, sagte ich. »Der eilige Nikolaus!« – »Der heilige, wenn ich bitten darf. Mit h!« Es klang ein wenig pikiert. »Als Junge habe ich Sie immer den eiligen Nikolaus genannt. Ich fand's plausibler.« – »Sie waren das?« – »Erinnern Sie sich denn noch daran?« – »Natürlich! Ein kleiner hübscher Bengel waren Sie damals!«

»Klein bin ich immer noch.« – »Und nun wohnen Sie also hier.« – »Ganz recht.« Wir lächelten resigniert und dachten an vergangene Zeiten.

»Bleiben Sie noch ein bisschen!«, bat ich. »Trinken Sie noch eine Tasse Kaffee mit mir!« Er tat mir, offen gestanden, leid.

Was soll ich Ihnen sagen? Er blieb. Er ließ sich herbei. Erst putzte er sich am Türvorleger die Stiefel sauber, dann stellte er den Sack neben die Garderobe, hängte die Rute an einen der Haken, und schließlich trank er mit mir in der Wohnstube Kaffee.

»Zigarre gefällig?« – »Das schlag ich nicht ab.« Ich holte die Kiste. Er bediente sich. Ich gab ihm Feuer. Dann zog er sich mit Hilfe des linken den rechten Stiefel aus

und atmete erleichtert auf. »Es ist wegen der Plattfußein-
lage. Sie drückt niederträchtig.« – »Sie Ärmster! Bei Ihrem
Beruf!« – »Es gibt weniger Arbeit als früher. Das kommt
meinen Füßen zupass. Die falschen Nikoläuse schießen
wie die Pilze aus dem Boden.«

»Eines Tages werden die Kinder glauben, dass es Sie,
den echten, überhaupt nicht mehr gibt.« – »Auch wahr!
Die Kerls schädigen meinen Beruf! Die meisten von denen, die sich einen Pelz anziehen, einen Bart umhängen
und mich kopieren, haben nicht das mindeste Talent! Es
sind Stümper!« – »Weil wir gerade von Ihrem Beruf sprechen«, sagte ich, »hätte ich eine Frage an Sie, die mich
schon seit meiner Kindheit beschäftigt. Damals traute
ich mich nicht. Heute schon eher. Denn ich bin Jour-
nalist geworden.« – »Macht nichts«, meinte er und goss
sich Kaffee zu. »Was wollen Sie seit Ihrer Kindheit von
mir wissen?« – »Also«, begann ich zögernd, »bei Ihrem
Beruf handelt es sich doch eigentlich um eine Art ambu-
lanten Saisongewerbes, nicht? Im Dezember haben Sie
eine Menge Arbeit. Es drängt sich alles auf ein paar Wochen zusammen. Man könnte von einem Stoßgeschäft
reden. Und nun ...« – »Hm?« – »Und nun wüsste ich
brennend gern, was Sie im übrigen Jahr tun!«

Der gute alte Nikolaus sah mich einigermaßen ver-
dutzt an. Es machte fast den Eindruck, als habe ihm noch
niemand die so naheliegende Frage gestellt. »Wenn Sie
sich nicht darüber äußern wollen ...« – »Doch, doch«,
brummte er. »Warum denn nicht?« Er trank einen Schluck
Kaffee und paffte einen Rauchring. »Der November ist
natürlich mit der Materialbeschaffung mehr als ausge-
füllt. In manchen Ländern gibt's plötzlich keine Schoko-

lade. Niemand weiß wieso. Oder die Äpfel werden von den Bauern zurückgehalten. Und dann das Theater an den Zollgrenzen. Und die vielen Transportpapiere. Wenn das so weitergeht, muss ich nächstens den Oktober noch dazunehmen. Bis jetzt benutze ich den Oktober eigentlich dazu, mir in stiller Zurückgezogenheit den Bart wachsen zu lassen.«

»Sie tragen den Bart nur im Winter?« – »Selbstverständlich. Ich kann doch nicht das ganze Jahr als Weihnachtsmann herumrennen. Dachten Sie, ich behielte auch den Pelz an? Und schleppte 365 Tage den Sack und die Rute durch die Gegend? Na also. – Im Januar mache ich dann die Bilanz. Es ist schrecklich. Weihnachten wird von Jahrhundert zu Jahrhundert teurer!« – »Versteht sich.« – »Dann lese ich die Dezemberpost. Vor allem die Kinderbriefe. Es hält kolossal auf, ist aber nötig. Sonst verliert man den Kontakt mit der Kundschaft.« – »Klar.« – »Anfang Februar lasse ich mir den Bart abnehmen.«

In diesem Moment läutete es wieder an der Flurtür. »Entschuldigen Sie mich, bitte?« Er nickte. Draußen vor der Tür stand ein Hausierer mit schreiend bunten Ansichtskarten und erzählte mir eine sehr lange und sehr traurige Geschichte, deren ersten Teil ich mir tapfer und mit zusammen-›gebissenen‹ Ohren anhörte. Dann gab ich ihm das Kleingeld, das ich lose bei mir trug, und wir wünschten einander auch weiterhin alles Gute. Obwohl ich mich standhaft weigerte, drängte er mir als Gegengeschenk ein halbes Dutzend der schrecklichen Karten auf. Er sei, sagte er, schließlich kein Bettler. Ich achtete seinen schönen Stolz und gab nach. Endlich ging er.

Als ich ins Wohnzimmer zurückkam, zog Nikolaus gerade ächzend den rechten Stiefel an. »Ich muss weiter«, meinte er, »es hilft nichts. Was haben Sie denn da in der Hand?« – »Postkarten. Ein Hausierer zwang sie mir auf.« – »Geben Sie her. Ich weiß Abnehmer. Besten Dank für Ihre Gastfreundschaft. Wenn ich nicht der Weihnachtsmann wäre, könnte ich Sie beneiden.«

Wir gingen in den Flur, wo er seine Utensilien aufnahm. »Schade«, sagte ich. »Sie sind mir noch einen Teil Ihres Jahreslaufs schuldig.« Er zuckte die Achseln. »Viel ist im Grunde nicht zu erzählen. Im Februar kümmere ich mich um den Kinderfasching. Später ziehe ich auf Frühjahrsmärkten umher. Mit Luftballons und billigem mechanischem Spielzeug. Im Sommer bin ich Bademeister und gebe Schwimmunterricht. Manchmal verkaufe ich auch Eiswaffeln in den Straßen. Ja, und dann kommt schon wieder der Herbst – und nun muss ich wirklich gehen.«

Wir schüttelten uns die Hand. Ich sah ihm vom Fenster aus nach. Er stapfte mit großen, hastigen Schritten durch den Schnee. An der Ecke Ungerstraße wartete ein Mann auf ihn. Er sah wie der Hausierer aus, wie der redselige mit den blöden Ansichtskarten. Sie bogen gemeinsam um die Ecke. Oder hatte ich mich getäuscht? Eine Viertelstunde danach klingelte es schon wieder. Diesmal erschien der Laufbursche des Delikatessengeschäftes Zimmermann Söhne. Ein angenehmer Besuch! Ich wollte bezahlen, fand aber die Brieftasche nicht gleich. »Das hat ja Zeit, Herr Doktor«, meinte der Bote väterlich. »Ich möchte wetten, dass sie auf dem Schreibtisch gelegen hat!«, sagte ich. »Nun gut, ich begleiche die Rechnung morgen.

Aber warten Sie noch, ich bring Ihnen eine gute Zigarre!« Die Kiste mit den Zigarren fand ich auch nicht gleich. Das heißt, später fand ich sie ebenso wenig. Die Zigarren nicht. Die Brieftasche auch nicht. Das silberne Zigarettenetui war auch nicht zu finden. Und die Manschettenknöpfe mit den großen Mondsteinen und die Frackperlen waren weder an ihrem Platz noch sonst wo. Jedenfalls nicht in meiner Wohnung.

Ich konnte mir gar nicht erklären, wohin das alles geraten sein mochte. Es wurde trotzdem ein stiller hübscher Abend. Es klingelte niemand mehr. Wirklich, ein gelungener Abend. Nur irgendetwas fehlte mir. Aber was? Eine Zigarre? Natürlich! Glücklicherweise war das goldene Feuerzeug auch nicht mehr da. Denn das muss ich, obwohl ich ein ruhiger Mensch bin, bekennen: Feuer zu haben, aber nichts zum Rauchen im Haus, das könnte mir den ganzen Abend verderben!

Jeder schenkt nach seinem Herzen

STEPHEN LEACOCK
Jeder schenkt nach seinem Herzen

Es war am Abend vor Weihnachten. Die Familie Jones hatte ihre Nachbarn, die Familie Brown, zum Essen eingeladen. Mr. Jones und Mr. Brown saßen noch bei Tisch, vor sich Wein und Nüsse. Die andern waren schon nach oben gegangen.

»Was schenken Sie Ihrem Jungen zu Weihnachten?« fragte Brown.

»Eine Eisenbahn«, sagte Jones. »Etwas ganz Neues – alles automatisch!«

»Wollen's uns mal ansehen!« schlug Brown vor.

Jones holte ein Paket von der Anrichte und machte es auf.

»Ein patentes Ding, nicht wahr?« fragte er. »Alles funktioniert automatisch! Merkwürdig, daß kleine Jungen so gerne Eisenbahn spielen, nicht?«

»Ja«, nickte Brown. »Wie gehören eigentlich die Schienen aneinander?«

»Warten Sie, ich zeig's Ihnen«, sagte Jones. »Helfen Sie mir nur erst, das Zeug auf dem Eßtisch beiseite zu schieben und das Tischtuch zurückzuschlagen! Schön! Nun sehen Sie her! Die Schienen werden so hingelegt und die Enden so miteinander verbunden, und dann ...«

»Ah, ich verstehe schon, und nun entsteht eine Steigung, nicht wahr? Genau das, was den Kindern Spaß macht. Ich habe meinem Willie ein kleines Flugzeug gekauft.«

»Kenn' ich, die sind großartig. Ich habe Edwin eins

zum Geburtstag geschenkt. Deshalb wollte ich ihm jetzt zu Weihnachten die Eisenbahn geben. Ich habe ihm erzählt, der Weihnachtsmann würde ihm diesmal etwas ganz Neues bringen. Edwin glaubt natürlich felsenfest an den Weihnachtsmann. Hier, sehen Sie sich einmal die Lokomotive an! Im Feuerraum steckt die Feder.«

»Ziehen Sie sie auf«, sagte Brown eifrig, »wollen sehen, wie sie läuft!«

»Gern«, sagte Jones. »Stellen Sie bitte ein paar Teller zusammen, damit die Enden der Schienen darauf ruhen können! Da – hören Sie einmal, wie sie surrt, ehe sie lossaust! Ist doch herrlich für einen kleinen Jungen, nicht?«

»Ja«, sagte Brown, »und sehen Sie doch hier die kleine Kette, um das Signal zu geben! Meine Güte, sie pfeift sogar! Genau wie bei einer richtigen!«

»Wissen Sie was, Brown?« fragte Jones. »Sie könnten die Wagen aneinanderkoppeln, und ich lasse sie abfahren. Ich bin Lokomotivführer, ja?«

Eine halbe Stunde später spielten Brown und Jones noch immer mit der Eisenbahn. Aber ihren Frauen oben im Wohnzimmer fiel ihr langes Fernbleiben kaum auf. Sie waren selbst in Anspruch genommen.

»Oh, ich finde sie einfach entzückend!« rief Mrs. Brown. »Wirklich die reizendste Puppe, die ich je gesehen habe! Ich muß versuchen, ob ich für Ulvina eine ähnliche bekommen kann. Clarisse wird ja so begeistert sein, nicht?«

»Natürlich«, erwiderte Mrs. Jones, »und obendrein hat sie noch den ganzen Spaß mit dem An- und Ausziehen! Das mögen sie alle gern! Schauen Sie her! Da sind

noch drei Kleidchen – sind die nicht nett? Alle schon zugeschnitten; die Teile brauchen nur zusammengenäht
werden.«

»Oh, wirklich zu süß!« rief Mrs. Brown. »Ich glaube,
hier dieses Blaßlila wird der Puppe am besten stehen,
nicht? Bei dem schönen goldblonden Haar! Nur finde
ich, es wäre noch hübscher, wenn man den Kragen hoch-
stellt – so –, und dann vielleicht ein Schleifchen vorne
am Ausschnitt, ja?«

»Was für ein reizender Einfall!« rief Mrs. Jones. »Wirklich, das müssen wir gleich ausprobieren! Warten Sie, ich
habe im Nu das Nähzeug geholt! Und morgen werde ich
Clarisse erzählen, der Weihnachtsmann habe es selber
genäht. Das gute Kind glaubt noch felsenfest an den
Weihnachtsmann.«

Eine halbe Stunde später waren Mrs. Brown und
Mrs. Jones immer noch so eifrig dabei, Puppenkleidchen
zu nähen, daß sie gar nicht hörten, wie laut die kleine
Eisenbahn auf dem Eßzimmertisch herumsurrte. Und
was ihre vier Kinder taten, daran dachten sie erst recht
nicht.

Aber die Kinder vermißten auch ihre Mütter nicht.

»Prima, was?« sagte Edwin Jones zum kleinen Willie
Brown, als sie in Edwins Schlafzimmer saßen. »Hundert
Stück in der Schachtel, mit Korkmundstück, und schau
da, die Bernsteinspitze; sie paßt genau hier in das Seiten-
fach. Feines Geschenk für Pappi, nicht?«

»Sehr schön«, bestätigte Willie. »Ich schenke meinem
Vater Zigarren.«

»Ja, ich hab’ auch an Zigarren gedacht. Über Zigarren

und Zigaretten freuen sich die Männer immer. Da kann man nie falsch wählen! Hör mal, möchtest du nicht eine von den Zigaretten versuchen? Sie schmecken dir bestimmt, es sind russische – den ägyptischen himmelhoch über! Wir können von der untersten Schicht nehmen!«

»Danke, gern«, erwiderte Willie. »Ich möchte sie furchtbar gern probieren. Habe erst im vorigen Frühjahr mit Rauchen angefangen: an meinem zwölften Geburtstag. Ich halte es für verkehrt, wenn man zu früh mit Rauchen anfängt; dann verdummt es nur. Ich habe absichtlich gewartet, bis ich zwölf war.«

»Ich auch«, sagte Edwin, als sie sich die Zigaretten anzündeten. »Für mich hätte ich sie überhaupt nicht gekauft. Es war nur wegen Pappi. Ich mußte ihm unbedingt etwas vom Weihnachtsmann hinlegen. Er glaubt nämlich felsenfest an den Weihnachtsmann!«

Unterdessen zeigte Clarissa ihrer kleinen Freundin Ulvina die geradezu hinreißende Bridgegarnitur, die sie für ihre Mutter gekauft hatte.

»Oh, wie süß die kleinen Blocks sind!« rief Ulvina. »Und das hübsche holländische Muster darauf – oder ist es flämisch, Kindchen?«

»Holländisch«, erklärte Clarisse. »Ja, so stilvoll, nicht? Und sieh mal, was für goldige kleine Schalen! In die wird das Geld gelegt, während man spielt. Ich hätte sie nicht zu nehmen brauchen; sie gehörten nicht direkt dazu; aber ich finde es einfach scheußlich langweilig, wenn man nicht um Geld spielt, nicht wahr?«

»Ja, gräßlich«, entsetzte sich Ulvina. »Aber deine Mama spielt wohl nie um Geld, nicht?«

»Mama? Du lieber Himmel, niemals! Mama ist viel zu altmodisch für so etwas. Aber ich werde ihr einfach erzählen, der Weihnachtsmann wollte die Geldschälchen unbedingt dazutun.«

»Sicher glaubt sie auch an den Weihnachtsmann – genau wie meine Mutter?«

»Natürlich felsenfest!« erwiderte Clarisse. Und dann fuhr sie fort: »Wie wär's, wenn wir ein Spielchen machten? Mit doppeltem Strohmann, auf französische Art – oder, wenn du möchtest, norwegischen Skat? Das kann man auch zu zweien.«

»Gut«, sagte Ulvina. Und im Handumdrehen waren sie ins Spiel vertieft. Neben sich hatten sie ein paar Geldstücke von ihrem Taschengeld aufgestapelt.

Etwa eine halbe Stunde später saßen alle Mitglieder der beiden Familien im Wohnzimmer. Aber selbstverständlich sprach keines von den Geschenken. Und überhaupt waren sie viel zu sehr damit beschäftigt, die herrliche große Bibel zu betrachten – eine Ausgabe mit Landkarten –, die von der Familie Jones für den alten Großvater gekauft worden war. Alle waren begeistert von dem Gedanken, daß Großvater jetzt im Nu und wann er nur wollte jeden Ort im Heiligen Lande nachsehen konnte.

Großvater jedoch, der ganz oben in seinem eigenen Zimmerchen saß, besah sich gerührt die Geschenke, die vor ihm standen. Da war eine wunderschöne Whiskykaraffe, außen mit Silberfiligran (und innen mit Whisky), für Mr. Jones bestimmt, und für den kleinen Edwin eine nickelplattierte, prächtige Mundharmonika.

Spät in der Nacht erschien der Jemand – oder der gute Geist, den man Weihnachtsmann nennt, nahm alle Geschenke und verteilte sie in die verschiedenen aufgehängten Strümpfe. Und da er vor Alter nicht mehr gut sehen konnte, gab er die Geschenke den verkehrten Empfängern: nämlich so, wie ursprünglich vorgesehen. Doch am nächsten Morgen, dem Weihnachtsfeiertag, kam alles wieder in die Reihe – genau wie immer. Denn um zehn Uhr vormittags spielten Mr. Brown und Mr. Jones mit der Eisenbahn, ihre Frauen nähten Puppenkleidchen, die Jungen rauchten Zigaretten, und Clarisse und Ulvina spielten Karten – mit ihrem Taschengeld. Und oben, ganz oben in seinem eigenen Zimmerchen, trank Großvater Whisky und spielte Mundharmonika.

So daß also Weihnachten, wie es ja immer der Fall ist, schließlich doch zu allseitiger Befriedigung verlief.

RAY BRADBURY
Das Geschenk

Es war ein Tag vor Weihnachten, und noch während die drei zum Raumschiff-Flughafen fuhren, machten Mutter und Vater sich Gedanken. Es war das erste Mal, daß ihr kleiner Sohn in den Weltraum flog, das erste Mal, daß er überhaupt in ein Raumschiff stieg, und sie wollten, daß alles vollkommen war. Als sie am Zolltisch das Geschenk für ihn zurücklassen mußten, das nur wenige Gramm schwerer war, als die vorschriftsmäßige Gewichtsgrenze erlaubte, und auch den kleinen Baum mit den weißen Kerzen, fühlten sie sich um die ganze Weihnachtsfreude und um die eigene Liebe betrogen.

Der Junge erwartete sie im Abfertigungsraum. Während sie nach dem erfolglosen Zusammenstoß mit den interplanetaren Beamten auf ihn zugingen, flüsterten sie miteinander.

»Was sollen wir tun?«

»Nichts. Nichts. Was können wir tun?«

»Diese dämlichen Vorschriften!«

»Und er hatte sich so sehr einen Weihnachtsbaum gewünscht!«

Die Sirene heulte auf, und die Leute drängten sich in das Marsraumschiff. Mutter und Vater gingen schweigend am Schluß, ihren kleinen blassen Sohn zwischen sich.

»Ich werde mir schon etwas einfallen lassen«, sagte der Vater.

»Was …?« fragte der Junge.

Das Raumschiff startete, und sie wurden kopfüber in den dunklen Weltraum geschleudert.

Das Raumschiff ließ Feuer zurück und die Erde, auf der man den 24. Dezember des Jahres 2052 schrieb; es schoß hinaus, dorthin, wo es keine Zeit gab, keinen Monat, kein Jahr, keine Stunde. Sie verschliefen den restlichen »Tag«. Um Mitternacht irdischer Zeit und nach den New Yorker Uhren wachte der Junge auf und sagte: »Ich möchte aus der Luke sehen.« Es gab nur oben auf dem nächsten Deck eine Luke, ein ziemlich großes »Fenster« mit einer Scheibe aus ungeheuer dickem Glas.

»Jetzt noch nicht«, sagte der Vater. »Ich nehme dich später mit hinauf.«

»Ich möchte sehen, wo wir sind und wohin wir fliegen.«

»Ich möchte aber aus einem bestimmten Grund, daß du noch wartest«, sagte der Vater.

Er hatte wach gelegen, sich von einer Seite auf die andere gedreht und an das zurückgelassene Geschenk gedacht, an das bevorstehende Weihnachtsfest, den verlorenen Baum mit den weißen Kerzen. Endlich, vor fünf Minuten, hatte er sich aufgerichtet und glaubte nun einen Plan gefunden zu haben. Er brauchte ihn nur auszuführen, damit die Reise wirklich schön wurde.

»In genau einer Stunde ist Weihnachten, mein Sohn«, sagte der Vater.

»Oh«, sagte die Mutter, entsetzt darüber, daß er das Fest erwähnte. Sie hatte gehofft, der Junge würde es vergessen.

Das Gesicht des Jungen rötete sich wie im Fieber, und seine Lippen zitterten. »Ich weiß, ich weiß. Ich kriege doch ein Geschenk, nicht wahr? Bekomme ich einen Baum? Ihr habt mir versprochen …«

»Ja ja, du bekommst sogar noch mehr«, antwortete der Vater.

»Aber …«, begann die Mutter.

»Es ist mein Ernst«, sagte der Vater. »Du kannst dich darauf verlassen. All das und noch mehr, viel mehr. Entschuldigt mich jetzt. Ich komme gleich wieder.«

Er ließ sie ungefähr zwanzig Minuten allein. Als er wiederkam, lächelte er. »Gleich ist es soweit.«

»Darf ich deine Uhr halten?« fragte der Junge. Er bekam die Uhr und hielt sie in der Hand, während der Rest der Stunde in Feuer und Stille und unmerklicher Bewegung verstrich.

»Jetzt ist Weihnachten! Weihnachten! Wo ist das Geschenk?«

»Hierher«, sagte der Vater, faßte den Jungen bei der Schulter und führte ihn aus dem Raum, durch einen Flur und eine schräge Treppe hinauf; seine Frau kam nach.

»Ich verstehe nicht«, sagte sie immer wieder.

»Du wirst schon verstehen. Wir sind da«, sagte der Vater.

Sie blieben vor der Tür einer großen Kabine stehen. Der Vater klopfte dreimal und dann zweimal, ein Signalzeichen. Die Tür öffnete sich, das Licht in der Kabine erlosch, und man hörte Stimmen flüstern.

»Geh hinein, mein Sohn«, sagte der Vater.

»Es ist so dunkel.«

»Ich halte dich an der Hand. Komm, Mama.«

Sie traten in den Raum, die Tür schloß sich hinter ihnen, und der Raum war wirklich sehr dunkel.

Vor ihnen tauchte ein großes Glasauge auf, die Luke, ein Fenster, etwa einen Meter zwanzig hoch und einen Meter achtzig breit, durch das sie in den Weltraum hinausschauen konnten.

Der Junge erschrak.

Hinter ihm erschraken auch die Eltern, aber jetzt fingen in der dunklen Kabine ein paar Menschen an zu singen.

»Fröhliche Weihnachten, mein Sohn«, sagte der Vater.

Die Stimmen sangen die alten, vertrauten Weihnachtslieder. Der Junge ging langsam vorwärts und preßte dann sein Gesicht an das kalte Glas der Luke. Da stand er lange Zeit und schaute hinaus in den Weltraum, in die tiefe Nacht, in der zehn Milliarden hübsche weiße Kerzen brannten …

HANS FALLADA
Lieber Hoppelpoppel, wo bist du?

Es war einmal ein kleiner Junge, der hieß Thomas. Dem hatten seine Großeltern zum ersten Weihnachtsfest einen kleinen Hund aus schwarzem Plüsch geschenkt, mit Hängeohren und frechen braunen Augen, eine Art Dackeltier, aber auf Rädern. Und da die Achsen dieser Räder nicht im Mittelpunkt saßen, sondern seitlich, hoppelte und wogte das schwarze Stoffgeschöpf auf und nieder, als haste es wild und über alle Kraft imaginären Hasen nach. Darum taufte der Vater den Hund »Hoppelpoppel«, und als Thomas etwas älter geworden war und sprechen konnte, genehmigte auch er diesen Namen. Er liebte den Hund sehr, immer musste er bei ihm sein, auch im Schlaf durfte er ihn nicht verlassen, und er wachte sehr genau darüber, dass die Eltern nicht nur ihrem Sohn, sondern auch dem Hoppelpoppel gute Nacht sagten. Es war eben eine richtige Liebe.

Nun geschah es, dass Toms Eltern an einen neuen Wohnsitz verzogen, weit, weit weg. Der kleine Thomas blieb während der Umzugstage bei der guten Tante »Kunjä«, und mit ihm natürlich Hoppelpoppel – wie hätte Tom sonst bei Tante Kunjä schlafen können? Nach einer Weile war es dann so weit: Tante Kunjä fuhr mit Tom und dem Hund nach dem neuen Häuserchen. Auf dem Bahnhof erwartete sie der Vater, und der kleine Tom war so selig und verlegen über dies Wiedersehen, dass er schnurstracks seinen Kopf durch des Vaters Beine steckte und so den abfahrenden Zug betrachtete.

Dann gingen die drei Hand in Hand durch den Wald zur Mummi ins neue Häuserchen, und da kam plötzlich ein Augenblick, da Tante Kunjä angedonnert stehenblieb: »O Gott, habe ich nun doch den Hoppelpoppel in der Bahn liegengelassen!«

Der Vater machte rasch eine Kopfbewegung und sagte: »Still! Still! Hier hat der ›Herr‹ so viel neue Eindrücke, dass er ›ihn‹ einfach vergisst.«

Tom sagte noch gar nichts. Er marschierte stramm auf seinen Beinchen zwischen den beiden Großen und sah die herrlich hohen Bäume mit den Piksenadeln an. Dann kam ein Zwinger mit einem Hund, und nun stand die Mummi unten auf einer Treppe und hielt die Arme weit auf. Sie gingen durch eine große Tür auf einen weiten Balkon, und plötzlich war da unten ein langes, langes Wasser, und ein Dampfer kam um die Waldecke, und ein Kahn, zwei Kähne, viele Kähne …

Es wurde Abend, und der kleine Junge musste ins Bett. Er war müde und selig aufgeregt, aber als ihn die Mutter über die Bettleiter hob, sagte er: »Hoppelpoppel!«

Der Vater sagte ernst: »Hoppelpoppel fährt mit der Puffbahn, Thomas. Hoppelpoppel kommt morgen.«

Das Kind sah seine Eltern fragend an, erst sagte es nichts, als aber dann das Licht ausgemacht wurde, bat es wieder, dringend: »Hoppelpoppel!«

»Thomas muss jetzt schlafen«, sagte die Mutter streng und machte die Tür von außen zu. Die Eltern standen atemlos und lauschten. Nein, kein Gebrüll, kein Weinen, sondern Stille. – »Er wird sich beruhigen«, sagte Mummi. »Aber besser ist doch, du gehst morgen zur Bahn und machst eine Verlustanzeige.«

»Schön«, sagte der Mann. »Obgleich es keinen Zweck hat. Denn der Zug fährt weiter nach Polen, und die werden uns gerade einen Hoppelpoppel zurückschicken!«

Am nächsten Morgen machte der Vater seine Verlustanzeige, dann kam der Nachmittagsschlaf – aber nein, es kam kein Nachmittagsschlaf.

»Hoppelpoppel!«

»Hoppelpoppel kommt bald.«

»Nun! Gleich!!«

»Thomas muss schlafen!«

Gebrüll, Wut, Trostlosigkeit, Jammer, nur kein Schlaf. Und am Abend dasselbe. Das neue Häuserchen und das viele Wasser und der Garten und der Hund im Zwinger und die vielen Dampfer – alles nichts! Hoppelpoppel, lieber Hoppelpoppel – wo bist du? Hoppelpoppel, ein alberner, schwarzer Stoffhund, war eine finstere Wolke am Himmel, nach drei Tagen überhing sie alles!

»Also ich fahre morgen nach Berlin und kaufe einen neuen Hoppelpoppel«, sagte der Vater zur Mummi.

»Vielleicht kriegst du solch einen gar nicht?«

»Soll das, bitte, hier so weitergehen?«

Der Vater fuhr also, und schließlich fand er auch seinen Stoffhund, er fand genau den Hoppelpoppel. Er war lange umhergelaufen, er hatte viel Fahrgeld ausgegeben, aber: Heute Nacht wird Tom endlich wieder ruhig schlafen.

Der Vater war so glücklich über den kleinen Hund, am liebsten hätte er aller Welt Gutes getan. Da war im Abteil ein Kind, es war natürlich kein Kind wie der Thomas, nein, sondern ein dunkles, blasses Kind, es war ein meckriges Kind, es war ein schwieriges, störendes Kind, aber es war ein Kind … Es saßen noch zwei Herren im Abteil, das hielt den Vater nicht ab, er machte Kuckuck mit dem Kinde, er lenkte es ab, er half der Mutter, so gut er konnte, aber es verschlug nichts, es blieb ein schwieriges Kind.

Der Vater nahm aus dem Netz das kleine braune Paket, das Kind sah zu. Er schnürte langsam das Paket auf, das Kind sah genau hin. Was da wohl drin ist?

Er faltete das Papier auf, ließ ein bisschen sehen, mehr … »Hoppelpoppel«, sagte der Vater ernst.

»Wauwau«, antwortete das Kind selig.

Es wurde nun doch eine sehr gute Bahnfahrt. Siehe, der dicke brummige Herr in der Ecke war ein rechter Groß-vater, er zog den Hoppelpoppel auf der leeren Bank zu sich hin. Hoppelpoppel hoppelte. Der Vater zog ihn am Schwanz zurück: Das Kind jauchzte.

Manchmal ging eine kleine Sorgenwolke über des Va-ters Herz. »Wie weit fahren Sie?«, fragte er die Mutter des Kindes.

»Bis Neu-Bentschen. Und Sie?«

»Oh, ich muss viel früher raus. Ihr Junge wird ja den Hund bis dahin überhaben.«

»Das weiß ich nicht«, sagte die Frau. »Wenn er was liebt, dann liebt er es auch richtig.«

»Na, eine Weile fahren wir ja auch noch«, sagte der Va-ter nachdenklich und ließ den Hund bellen.

Der Vater kramte das braune Papier wieder vor und den Bindfaden: »Nun pass auf, jetzt geht Hoppelpoppel schlafen.«

Das Kind sah aufmerksam zu, aber dann, als der Hund im Papier verschwand, fing es an zu weinen. »Hoppäpop-pä«, sagte es klagend. Alle redeten auf das Kind ein, das

Kind weinte stärker, der Vater sagte: »Ich brauche ihn ja schließlich nicht eingepackt mitzunehmen, er kann ihn ja noch den Augenblick halten ...«

Das Kind nahm den Hoppelpoppel in den Arm, es lächelte, es lächelte – lieber Himmel, es war doch ein sehr ähnliches Kind ...

Der Zug fuhr langsamer, der Zug hielt.

»Nun gib dem Onkel den Hoppelpoppel.«

Das Kind hielt den Hund fest.

»Willst du wohl artig sein, gibst du!«

»Aussteigen!«

»Du sollst den Hund loslassen!«

»Gib mir doch den Wauwau, bitte, bitte! Ich habe auch einen kleinen Jungen ...«

»Sie wollen noch raus? Bitte, beeilen!«

Alles ging durcheinander, das Kind weinte schmerzlich, der Schaffner schimpfte. Eine Hand (es war die Hand der Mutter) riss an der klammernden Kinderhand, das Weinen wurde lauter. Der Vater stand draußen mit seinem Hoppelpoppel, er dachte verwirrt: Wenn er was liebt, dann liebt er es auch richtig ...

Der Zug fuhr an, der Vater riss die Tür wieder auf, warf den Hund ins Abteil. Der Zug fuhr schneller, am Fenster waren Mutter und Kind zu sehen, das Kind hielt den Hoppelpoppel ...

Der Mann ging langsam durch den dunklen Wald nach Haus, er hatte es nicht eilig. Wenn er zu Haus ankommen würde, würde sein Junge grade ins Bett gebracht werden, er würde sehnsüchtig betteln: »Hoppelpoppel!« Der Mann bereute nicht, der Mann schalt sich nicht, er war nur traurig. Irgendetwas war nicht in Ordnung auf dieser Welt, irgendetwas stimmte nicht: Dem einen geben, dass der andere weint?

Der Mann schloss die Tür auf, oben krähte der Tom. Der Mann ging langsam und leise die Treppe hinauf, er hing leise den Mantel fort, er zog seine Hausschuhe an ... schließlich musste er doch die Tür aufmachen ...

Da aß sein kleiner Sohn am Tischchen den Haferbrei, und auf dem Tischchen stand der Hoppelpoppel! Der Hoppelpoppel mit einem langen, langen Zettel am Hals.

»Sieh nur, Mann«, sagte die Mummi.

Auf dem Zettel standen viele bahnamtliche Vermerke, aber da stand auch: »Zbaszyn (Bentschen). Kleine schwaz-ze Hund, särr biese. Beißt ...«

»Kleine schwazze Hund, särr biese ...«, sagte der Vater langsam. Komisch: plötzlich war die Welt wieder in Ord-nung.

O. HENRY
Das Geschenk der Weisen

Ein Dollar und siebenundachtzig Cent. Das war alles. Und sechzig Cent davon in Pennys. Pennys, die sie sich beim Krämer, beim Gemüsemann oder beim Metzger einzeln hatte zurückgeben lassen, während sie vor Scham über so viel offensichtliche Knickrigkeit ihrerseits rot wurde. Dreimal zählte Della das Geld. Ein Dollar und siebenundachtzig Cent. Und morgen war Weihnachten.

Man konnte gar nichts anderes tun als sich auf das schäbige kleine Sofa schmeißen und heulen, was die Betrachtung nahelegt, das Leben bestehe eben aus Schluchzen, Schniefen und Lächeln, wobei Schniefen eindeutig überwiegt.

Während sich also die Hausherrin allmählich vom ersten zum zweiten Zustand vorarbeitet, werfen wir einen Blick auf ihr Heim. Möbliertes Zimmer, acht Dollar die Woche. Nicht ganz und gar bettelarm aussehend, aber schon mit dieser besonderen Aura von Bedürftigkeit.

Unten im Hausgang hing ein Briefkasten, in dem nie ein Brief angekommen war, und ein Klingelknopf, dem kein sterblicher Finger je ein Klingeln entlocken würde. Was sich außerdem fand, war eine Karte, die den Namen »Mr James Dillingham Young« trug.

Das »Dillingham« war während einer kurzen Phase des Erfolgs im Namen gelandet, als dessen Besitzer 30 Dollar die Woche verdient hatte. Jetzt, da das Einkommen auf 20 Dollar geschrumpft war, dachten sie ernstlich daran, ein bescheidenes und unauffälliges D. daraus zu machen.

Immer wenn Mr James Dillingham heimkam und seine Wohnung betrat, wurde er »Jim« genannt und von jener Mrs James Dillingham Young heftig abgeknutscht, die Ihnen schon als Della vorgestellt worden ist. So weit ist alles gut.

Della hörte auf zu heulen und bearbeitete ihr Gesicht mit der Puderquaste. Sie stand am Fenster und schaute trübsinnig einer grauen Katze zu, die über einen grauen Zaun in einen grauen Hinterhof sprang. Morgen war Weihnachten und sie besaß genau 1 Dollar und 87 Cent, womit sie für Jim ein Geschenk kaufen konnte.

Über Monate hatte sie jeden nur möglichen Penny gespart, und das war dabei rausgekommen. Mit zwanzig Dollar in der Woche kommt man halt nicht weit. Sie hatten mehr Ausgaben gehabt, als zu erwarten war. So war es immer.

Nur 1 Dollar 87, um für Jim ein Geschenk zu kaufen. Für ihren Jim. Manche glückliche Stunde hatte sie damit verbracht, sich etwas Hübsches für ihn auszudenken.

Etwas Feines, Seltenes, Kostbares – etwas, das die Ehre zu schätzen wusste, von jemandem wie Jim besessen zu werden.

Zwischen den beiden Fenstern hing ein Wandspiegel. Sie haben vielleicht schon einmal einen Wandspiegel in einer Acht-Dollar-Wohnung gesehen. Eine sehr dünne und bewegliche Person kann ihr Äußeres einigermaßen genau erfassen, wenn es ihr gelingt, ihr Spiegelbild in einer schnellen Abfolge von Längsansichten zusammenzusetzen. Die schlanke Della hatte diese Kunst perfektioniert.

Plötzlich wirbelte sie herum und stand vor dem Spiegel. Ihre Augen leuchteten, aber ihr Gesicht hatte innerhalb von zwanzig Sekunden alle Farbe verloren. Sie löste ihr Haar und ließ es dann in seiner ganzen Länge herab.

Es gab zwei Besitztümer des James Dillingham Young, auf welche er sehr stolz war. Das erste: seine goldene Uhr, die seinem Vater und zuvor seinem Großvater gehört hatte. Das zweite waren Dellas Haare.

Wenn die Königin von Saba gegenüber gewohnt und Dellas Haare, die zum Trocknen aus dem Fenster hingen, hätte sehen müssen, wären Ihrer Majestät sämtliche Juwelen und sonstige Geschenke lächerlich und wertlos erschienen. Und wenn König Salomon inmitten seiner im Erdgeschoss aufgehäuften Schätze Hausmeister gewesen wäre, hätte Jim beim Vorbeigehen seine goldene Uhr herausgezogen, nur um zu sehen, wie jener sich vor Neid seinen Bart ausriss.

Dellas wundervolles, nun offenes Haar fiel in glänzenden Wellen wie ein brauner Wasserfall über ihren Rücken. Es reichte ihr fast bis an die Knie und umhüllte sie wie ein Mantel.

Dann steckte sie ihre Haare wieder hoch, nervös und hastig. Für eine Minute stand sie ganz still da, während eine oder zwei Tränen auf den abgewetzten roten Teppich tropften.

Sie zog ihr altes braunes Jäckchen an und setzte ihren alten braunen Hut auf. Mit wehendem Rock, immer noch das sonderbare Glitzern in den Augen, rannte sie aus der Tür, durchs Treppenhaus, hinunter auf die Straße.

Wo sie endlich anhielt, verkündete ein Schild: »Mme Sofronie. Haare aller Art.«

Della rannte die Treppe hinauf und blieb völlig außer Atem stehen.

Madame, fett, sehr weißhäutig und träge, sah überhaupt nicht nach einer »Sofronie« aus.

»Wollen Sie meine Haare kaufen?«, fragte Della.

»Ich kaufe Haare«, sagte Madame. »Tu mal deinen Hut runter und lass schauen, was du da hast.«

Und hinunter strömte er, der braune Wasserfall.

»Zwanzig Dollar«, sagte Madame, während sie die Masse von Haaren mit geübter Hand anhob.

»Schnell, geben Sie mir das Geld«, sagte Della.

Oh, und die nächsten zwei Stunden war sie wie auf rosa Flügeln. Vergesst das Klischee. Sie durchstöberte die Läden nach einem Geschenk für Jim.

Zum Schluss fand sie eins. Es war einfach für Jim gemacht, für niemand anderen. So etwas gab es in keinem der vielen Läden, sie hatte sie alle unterst zuoberst gekehrt. Eine Uhrkette aus Platin, schlicht und edel im Design, die ihren Wert wie alle guten Dinge einzig durch das Material und nicht durch irgendwelchen Ornamentschnickschnack zeigte. Sogar *der Uhr* war sie würdig.

Im Moment, als sie sie gesehen hatte, wusste sie, dass sie Jim gehören musste. Sie war wie er: Ruhe und Würde, die Beschreibung passte auf beide. Sie kostete einundzwanzig Dollar, und mit ihren restlichen 87 Cent eilte sie zurück nach Hause.

Mit dieser Kette würde Jim in jeder noch so feinen Gesellschaft auf die Uhr schauen wollen. So großartig seine Uhr war, sah er nämlich manchmal nur heimlich drauf, wegen des schäbigen alten Lederbandes, das er anstelle einer Uhrkette benutzte.

Innerhalb von vierzig Minuten war ihr Kopf mit niedlichen, eng anliegenden Löckchen bedeckt, die sie wunderbarerweise wie einen streunenden Schuljungen aussehen ließen. Sie betrachtete ihr Spiegelbild. Lang, sorgfältig und kritisch.

»Wenn Jim mich nicht umbringt, bevor er einen zweiten Blick auf mich geworfen hat«, sagte sie zu sich selber, »wird er sagen, ich sähe aus wie ein Coney-Island- Revuegirl. Aber was konnt ich tuhun? Was mach ich aus einem Dollar siebenundachtzich?«

Um sieben Uhr war der Kaffee fertig und hinten auf dem Herd stand die Pfanne, heiß und bereit für die Koteletts.

Jim kam nie zu spät. Della legte die Kette in ihrer Hand zusammen und setzte sich auf die Ecke des Tischs, der nah an der Tür stand, durch die er reinkommen würde. Dann hörte sie seine Schritte unten auf der Treppe, am ersten Absatz, und für einen Moment wurde sie kalkweiß. Sie hatte die Angewohnheit, für ganz alltägliche Dinge ein kleines, stilles Gebet zu sagen, und jetzt flüsterte sie: »Lieber Gott, mach, dass er mich noch hübsch findet!«

Die Tür ging auf, Jim kam rein und machte sie hinter sich zu. Er sah dünn und sehr ernst aus. Der arme Junge, er war gerade zweiundzwanzig und hatte schon eine Familie auf dem Buckel. Außerdem brauchte er einen neuen Mantel und hatte keine Handschuhe.

Jim blieb an der Tür stehen, bewegungslos, wie ein Jagdhund, der eine Wachtel wittert. Seine Augen waren auf Della gerichtet, in ihnen war ein Ausdruck, den sie nicht deuten konnte und der sie erschreckte. Es war nicht Wut oder Überraschung, weder Enttäuschung noch Grauen, überhaupt keins von den Gefühlen, auf die sie gefasst gewesen war. Er starrte sie einfach unverwandt an mit diesem sonderbaren Ausdruck im Gesicht.

Della rutschte von der Tischkante und ging zu ihm.

»Jim, Liebling«, rief sie, »schau mich nicht so an. Ich hab meine Haare abgeschnitten und sie verkauft, weil ich nicht hätte leben können ohne ein Weihnachtsgeschenk für dich. Sie wachsen doch wieder, glaub mir. Ich musste das einfach tun. Meine Haare wachsen furchtbar schnell. Sag ›Fröhliche Weihnachten!‹, Jim, und lass uns glücklich sein. Du hast keine Ahnung, was für ein wunderbares, hübsches Geschenk ich für dich habe!«

»Du hast deine Haare abgeschnitten?«, fragte Jim, als sei er trotz allen Bemühens nicht imstande, diese offensichtliche Tatsache zu begreifen.

»Abgeschnitten und verkauft«, sagte Della. »Liebst du mich deswegen nicht mehr? Ich bin immer noch ich, auch ohne meine Haare, oder?«

Jim schaute neugierig im Zimmer herum.

»Du sagst, deine Haare sind weg?«, fragte er mit einem fast schon idiotischen Ausdruck.

»Du musst sie nicht suchen«, sagte Della, »sie sind verkauft. Verkauft und futsch, jawohl. Es ist Weihnachtsabend, Junge. Sei lieb zu mir, ich hab's für dich gemacht. Kann sein, dass die Haare auf meinem Kopf gezählt waren« – sie war plötzlich von niedlicher Ernsthaftigkeit –, »aber keiner könnte je meine Liebe zu dir zählen. Soll ich die Koteletts reintun?«

Schnell wachte Jim aus seiner Trance auf. Er umarmte seine Della.

Lassen Sie uns für zehn Sekunden ganz diskret in eine andere Richtung schauen.

Acht Dollar die Woche oder eine Million im Jahr – wo ist der Unterschied? Ein Mathematiker oder irgendein Komiker gäbe uns die falsche Antwort. Die Weisen aus dem Morgenland brachten kostbare Geschenke, aber dieses war nicht dabei. Später wird uns diese dunkle Ahnung erleuchtet werden.

Jim zog ein Päckchen aus seiner Manteltasche und warf es auf den Tisch.

»Missversteh mich nicht, Dell«, sagte Jim, »ich glaube nicht, dass so was wie Haareschneiden oder Abrasieren oder Waschen mich dazu bringen könnte, meine Süße auch nur ein kleines bisschen weniger zu lieben. Aber wenn du das Päckchen aufmachst, wirst du sehen, warum ich erst mal durcheinander war.«

Blasse Finger, ein Gezupfe an Schnur und Papier. Ein ekstatischer Freudenschrei, aber dann, o je, dieser blitzartige Übergang zu Tränen und Wehklagen, den nur weibliche Wesen hinkriegen und der den sofortigen und totalen Einsatz aller Trostmittel seitens des Hausherrn nötig machte.

Vor ihr lagen *die Kämme*! Ein Satz von Kämmen, die Della schon seit langem in einem Schaufenster am Broadway bestaunt hatte. Wundervolle Kämme, echt Schildpatt mit juwelenbesetzten Rändern, genau in der Schattierung, die zu ihren verschwundenen Haaren passte. Es waren sehr teure Kämme, das wusste sie. Sie hatte sich von ganzem Herzen nach ihnen gesehnt, ohne die leiseste Hoffnung, dass sie ihr je gehören würden. Und jetzt waren sie ihre, nur die Locken, die sie hätten schmücken sollen – die waren nicht mehr da.

Sie drückte Jim fest an ihre Brust und brachte es schließlich fertig, ihn mit feuchten Augen, aber lächelnd anzuschauen und zu sagen: »Meine Haare wachsen so schnell, Jim!«

Aber dann machte sie plötzlich einen Hopser wie ein Kätzchen, das sich verbrannt hat, und schrie: »Oh, oh!«

Jim hatte sein wunderbares Geschenk ja noch gar nicht gesehen. Sie hielt es ihm auf der offenen Handfläche hin. Das kostbare, matte Metall schien ihr helles, leidenschaftliches Wesen zu spiegeln.

»Ist sie nicht super, Jim? Ich hab die ganze Stadt abgesucht, um sie zu finden. Jetzt wirst du hundertmal am Tag auf die Uhr schauen, nicht? Gib sie mir, deine Uhr. Ich will sehen, wie sie damit aussieht.«

Anstatt zu gehorchen, ließ Jim sich auf die Couch fallen, verschränkte seine Hände im Nacken und lächelte.

»Dell«, sagte er, »lass uns die Weihnachtsgeschenke mal zur Seite legen, wir heben sie auf. Sie sind viel zu schön, um sie gleich zu benutzen. Ich hab die Uhr verkauft, um das Geld für deine Kämme zu kriegen. Ich glaube, jetzt kannst du die Koteletts in die Pfanne tun.«

Vertrauen gegen Vertrauen

Damit Klarheit herrscht: Geld spielt bei uns keine Rolle, solange wir noch Kredit haben. Die Frage ist, was wir einander zu unserem Weihnachtsfest, dem Passahfest, schenken sollen. Wir beginnen immer schon Monate vorher an Schlaflosigkeit zu leiden. Der Plunderkasten »Zur weiteren Verwendung« kommt ja für uns selbst nicht in Betracht. Es ist ein fürchterliches Problem.

Vor drei Jahren, zum Beispiel, schenkte mir meine Frau eine komplette Fechtausrüstung und bekam von mir eine zauberhafte Stehlampe. Ich fechte nicht.

Vor zwei Jahren verfiel meine Frau auf eine Schreibtischgarnitur aus carrarischem Marmor – samt Briefbeschwerer, Brieföffner, Briefhalter und Briefmappe –, während ich sie mit einer zauberhaften Stehlampe überraschte. Ich schreibe keine Briefe.

Voriges Jahr erreichte die Krise ihren Höhepunkt, als ich meine Frau mit einer zauberhaften Stehlampe bedachte und sie mich mit einer persischen Wasserpfeife. Ich rauche nicht.

Heuer trieb uns die Suche nach passenden Geschenken beinahe in den Wahnsinn. Was sollten wir einander noch kaufen? Gute Freunde informierten mich, daß sie meine Frau in lebhaftem Gespräch mit einem Grundstücksmakler gesehen hätten. Wir haben ein gemeinsames Bankkonto, für das meine Frau auch allein zeichnungsberechtigt ist. Erbleichend nahm ich sie zur Seite.

»Liebling, das muß aufhören. Geschenke sollen Freude machen, aber keine Qual. Deshalb werden wir uns nie mehr den Kopf darüber zerbrechen, was wir einander schenken sollen. Ich sehe keinen Zusammenhang zwischen einem Feiertag und einem schottischen Kilt, den ich außerdem niemals tragen würde. Wir müssen vernünftig sein, wie es sich für Menschen unseres Intelligenzniveaus geziemt. Laß uns jetzt ein für allemal schwören, daß wir einander keine Geschenke mehr machen werden!«

Meine Frau fiel mir um den Hals. Auch sie hatte an eine solche Lösung gedacht und hatte nur nicht gewagt, sie vorzuschlagen. Jetzt war das Problem für alle Zeiten gelöst.

Am nächsten Tag fiel mir ein, daß ich meiner Frau zum bevorstehenden Fest doch etwas kaufen müßte. Als erstes dachte ich an eine zauberhafte Stehlampe, kam aber wieder davon ab, weil unsere Wohnung durch elf zauberhafte Stehlampen nun schon hinlänglich beleuchtet ist. Außer zauberhaften Stehlampen wüßte ich aber für meine Frau nichts Passendes oder höchstens ein Brillantdiadem – das einzige, was ihr noch fehlt. Einem Zeitungsinserat entnahm ich die derzeit gängigen Preise und ließ auch diesen Gedanken wieder fallen.

Zehn Tage vor dem festlichen Datum ertappte ich meine Frau, wie sie ein enormes Paket in unsere Wohnung schleppte. Ich zwang sie, es auf der Stelle zu öffnen. Es enthielt pulverisierte Milch. Ich öffnete jede Dose und untersuchte den Inhalt mit Hilfe eine Siebs auf Manschettenknöpfe, Krawattennadeln und ähnliche Fremdkörper.

Ich fand nichts. Trotzdem eilte ich am nächsten Morgen, von unguten Ahnungen erfüllt, zur Bank. Tatsächlich: meine Frau hatte 260 Pfund von unserem Konto abgehoben, auf dem jetzt nur noch 80 Aguroth verblieben, die ich sofort abhob. Heißer Zorn überkam mich. Ganz wie du willst, fluchte ich in mich hinein. Dann kaufe ich dir also den Astrachanpelz, der uns ruinieren wird. Dann beginne ich jetzt Schulden zu machen, zu trinken und Kokain zu schnupfen. Ganz wie du willst.

Gerade als ich nach Hause kam, schlich meine Frau abermals mit einem riesigen Paket sich durch die Hintertür ein. Ich stürzte auf sie zu, entwand ihr das Paket und riß es auf – natürlich. Herrenhemden. Eine Schere ergreifen und die Hemden zu Konfetti zerschneiden war eins.

»Da – da –!« stieß ich keuchend hervor. »Ich werde dich lehren, feierliche Schwüre zu brechen!«

Meine Frau, die soeben meine Hemden aus der Wäscherei geholt hatte, versuchte einzulenken. »Wir sind erwachsene Menschen von hohem Intelligenzniveau«, behauptete sie. »Wir müssen Vertrauen zueinander haben. Sonst ist es mit unserem Eheleben vorbei.«

Ich brachte die Rede auf die abgehobenen 260 Pfund. Damit hätte sie ihre Schulden beim Friseur bezahlt, sagte sie. Einigermaßen betreten brach ich das Gespräch ab. Wie schändlich von mir, meine kluge Frau, die beste Ehefrau von allen, so völlig grundlos zu verdächtigen.

Das Leben kehrte in seine normalen Bahnen zurück.

Im Schuhgeschäft sagte man mir, daß man die gewünschten Schlangenlederschuhe für meine Frau ohne Kenntnis der Fußmaße nicht anfertigen könne, und ich sollte ein Paar alte Schuhe als Muster bringen.

Als ich mich mit dem Musterpaar unterm Arm aus

dem Haustor drückte, sprang meine Frau, die dort auf der Lauer lag, mich hinterrücks an. Eine erregte Szene folgte.

»Du charakterloses Monstrum!« sagte meine Frau. »Zuerst wirfst du mir vor, daß ich mich nicht an unsere Abmachung halte, und dann brichst du sie selber! Wahrscheinlich würdest du mir auch noch Vorwürfe machen, weil ich dir nichts geschenkt habe ...«

So konnte es nicht weitergehen. Wir erneuerten unseren Eid. Im hellen Schein der elf zauberhaften Stehlampen schworen wir uns zu, bestimmt und endgültig keine Geschenke zu kaufen. Zum erstenmal seit Monaten zog Ruhe in meine Seele ein.

Am nächsten Morgen folgte ich meiner Frau heimlich auf ihrem Weg nach Jaffa und war sehr erleichtert, als ich sie ein Spezialgeschäft für Damenstrümpfe betreten sah. Fröhlich kehrte ich nach Hause zurück. Das Fest stand bevor, und es würde keine Überraschung geben. Endlich!

Auf dem Heimweg machte ich einen kurzen Besuch bei einem mir befreundeten Antiquitätenhändler und kaufte eine kleine chinesische Vase aus der Ming-Periode. Das Schicksal wollte es anders. Warum müssen die Autobusfahrer auch immer so unvermittelt stoppen. Ich versuchte die Scherben zusammenzuleimen, aber das klappte nicht recht. Um so besser. Wenigstens kann mich meine Frau keines Vertragsbruches zeihen.

Meine Frau empfing mich im Speisezimmer, festlich gekleidet und mit glückstrahlendem Gesicht. Auf dem großen Speisezimmertisch sah ich, geschmackvoll arrangiert, einen neuen elektrischen Rasierapparat, drei Ku-

gelschreiber, ein Schreibmaschinenfutteral aus Ziegenle-
der, eine Schachtel Skiwachs, einen Kanarienvogel mit
Käfig, eine Brieftasche, eine zauberhafte Stehlampe, einen Radiergummi und ein Koffergrammophon (das sie
bei dem Strumpfhändler in Jaffa unterderhand gekauft
hatte).

Ich stand wie gelähmt und brachte kein Wort hervor.
Meine Frau starrte mich ungläubig an. Sie konnte es nicht
fassen, daß ich mit leeren Händen gekommen war. Dann
brach sie in konvulsivisches Schluchzen aus:

»Also so einer bist du. Einmal in der Zeit könntest du
mir eine kleine Freude machen – aber das fällt dir ja gar
nicht ein. Geh mir aus den Augen. Ich will dich nie wieder sehen ...«

Erst als sie geendet hatte, griff ich in die Tasche und
zog die goldene Armbanduhr mit den Saphiren hervor.

Kleiner dummer Liebling.

*Wer hat den schönsten
Weihnachtsbaum?*

HERMANN LÖNS
Der allererste Weihnachtsbaum

Der Weihnachtsmann ging durch den Wald. Er war ärgerlich. Sein weißer Spitz, der sonst immer lustig bellend vor ihm herlief, merkte das und schlich hinter seinem Herrn mit eingezogener Rute her.

Er hatte nämlich nicht mehr die rechte Freude an seiner Tätigkeit. Es war alle Jahre dasselbe. Es war kein Schwung in der Sache. Spielzeug und Esswaren, das war auf die Dauer nichts. Die Kinder freuten sich wohl darüber, aber quieken sollten sie und jubeln und singen, so wollte er es, das taten sie aber nur selten.

Den ganzen Dezembermonat hatte der Weihnachtsmann schon darüber nachgegrübelt, was er wohl Neues erfinden könne, um einmal wieder eine rechte Weihnachtsfreude in die Kinderwelt zu bringen, eine Weihnachtsfreude, an der auch die Großen teilnehmen würden. Kostbarkeiten durften es auch nicht sein, denn er hatte soundso viel auszugeben und mehr nicht.

So stapfte er denn auch durch den verschneiten Wald, bis er auf dem Kreuzweg war. Dort wollte er das Christkindchen treffen. Mit dem beriet er sich nämlich immer über die Verteilung der Gaben.

Schon von Weitem sah er, dass das Christkindchen da war, denn ein heller Schein war dort. Das Christkindchen hatte ein langes weißes Pelzkleidchen an und lachte über das ganze Gesicht. Denn um es herum lagen große Bündel Kleeheu und Bohnenstiegen und Espen- und Weidenzweige, und daran taten sich die hungrigen Hir sche und Rehe und Hasen gütlich. Sogar für die Sauen gab es etwas: Kastanien, Eicheln und Rüben.

Der Weihnachtsmann nahm seinen Wolkenschieber ab und bot dem Christkindchen die Tageszeit. »Na, Alterchen, wie geht's?«, fragte das Christkind. »Hast wohl schlechte Laune?« Damit hakte es den Alten unter und ging mit ihm. Hinter ihnen trabte der kleine Spitz, aber er sah gar nicht mehr betrübt aus und hielt seinen Schwanz kühn in die Luft.

»Ja«, sagte der Weihnachtsmann, »die ganze Sache macht mir so recht keinen Spaß mehr. Liegt es am Alter oder an sonst was, ich weiß nicht. Das mit den Pfefferkuchen und den Äpfeln und Nüssen, das ist nichts mehr. Das essen sie auf, und dann ist das Fest vorbei. Man müsste etwas Neues erfinden, etwas, das nicht zum Essen und nicht zum Spielen ist, aber wobei Alt und Jung singt und lacht und fröhlich wird.«

Das Christkindchen nickte und machte ein nachdenkliches Gesicht, dann sagte es: »Da hast du recht, Alter, mir ist das auch schon aufgefallen. Ich habe daran auch schon gedacht, aber das ist nicht so leicht.«

»Das ist es ja gerade«, knurrte der Weihnachtsmann, »ich bin zu alt und zu dumm dazu. Ich habe schon richtiges Kopfweh vom vielen Nachdenken und es fällt mir doch nichts Vernünftiges ein. Wenn es so weitergeht, schläft allmählich die ganze Sache ein und es wird ein Fest wie alle anderen, von dem die Menschen dann weiter nichts haben als Faulenzen, Essen und Trinken.«

Nachdenklich gingen beide durch den weißen Winterwald, der Weihnachtsmann mit brummigem, das Christkindchen mit nachdenklichem Gesicht. Es war so still im Wald, kein Zweig rührte sich, nur wenn die Eule sich auf einen Ast setzte, fiel ein Stück Schneebehang mit halblautem Ton herab. So kamen die beiden, den Spitz hinter sich, aus dem hohen Holz auf einen alten Kahlschlag, auf dem große und kleine Tannen standen. Das sah wunderschön aus. Der Mond schien hell und klar, alle Sterne leuchteten, der Schnee sah aus wie Silber, und die Tannen standen darin, schwarz und weiß, dass es eine Pracht war. Eine fünf Fuß hohe Tanne, die allein im Vordergrund stand, sah besonders reizend aus. Sie war regelmäßig gewachsen, hatte auf jedem Zweig einen Schneestreifen, an den Zweigspitzen kleine Eiszapfen und glitzerte und flimmerte nur so im Mondenschein.

Das Christkindchen ließ den Arm des Weihnachtsmannes los, stieß den Alten an, zeigte auf die Tanne und sagte: »Ist das nicht wunderhübsch?«

»Ja«, sagte der Alte, »aber was hilft mir das?«

»Gib ein paar Äpfel her«, sagte das Christkindchen, »ich habe einen Gedanken.«

Der Weihnachtsmann machte ein dummes Gesicht, denn er konnte es sich nicht recht vorstellen, dass das Christkind bei der Kälte Appetit auf die eiskalten Äpfel hatte. Er hatte zwar noch einen guten alten Schnaps, aber den mochte er dem Christkindchen nicht anbieten.

Er machte sein Tragband ab, stellte seine riesige Kiepe in den Schnee, kramte darin herum und langte ein paar recht schöne Äpfel heraus. Dann fasste er in die Tasche, holte sein Messer heraus, wetzte es an einem Buchenstamm und reichte es dem Christkindchen.

»Sieh, wie schlau du bist«, sagte das Christkindchen.

»Nun schneid mal etwas Bindfaden in zwei Finger lange Stücke und mach mir kleine Pflöckchen.«

Dem Alten kam das alles etwas ulkig vor, aber er sagte nichts und tat, was das Christkind ihm sagte. Als er die Bindfadenenden und die Pflöckchen fertig hatte, nahm das Christkind einen Apfel, steckte ein Pflöckchen hinein, band den Faden daran und hängte den an einen Ast.

»So«, sagte es dann, »nun müssen auch an die anderen welche und dabei kannst du helfen, aber vorsichtig, dass kein Schnee abfällt!«

Der Alte half, obgleich er nicht wusste, warum. Aber es machte ihm schließlich Spaß, und als die ganze kleine Tanne voll von rotbäckigen Äpfeln hing, da trat er fünf Schritte zurück, lachte und sagte: »Kiek, wie niedlich das aussieht! Aber was hat das alles für'n Zweck?«

»Braucht denn alles gleich einen Zweck zu haben?«, lachte das Christkind. »Pass auf, das wird noch schöner. Nun gib mal Nüsse her!«

Der Alte krabbelte aus seiner Kiepe Walnüsse heraus und gab sie dem Christkindchen. Das steckte in jedes ein Hölzchen, machte einen Faden daran, rieb immer eine Nuss an der goldenen Oberseite seiner Flügel, dann war die Nuss golden, und die nächste an der silbernen Unterseite seiner Flügel, dann hatte es eine silberne Nuss, und hängte sie zwischen die Äpfel.

»Was sagst nun, Alterchen?«, fragte es dann. »Ist das nicht allerliebst?«

»Ja«, sagte der, »aber ich weiß immer noch nicht …«

»Komm schon!«, lachte das Christkindchen. »Hast du Lichter?«

»Lichter nicht«, meinte der Weihnachtsmann, »aber 'nen Wachsstock!«

»Das ist fein«, sagte das Christkind, nahm den Wachsstock, zerschnitt ihn und drehte erst ein Stück um den Mitteltrieb des Bäumchens und die anderen Stücke um die Zweigenden, bog sie hübsch gerade und sagte dann: »Feuerzeug hast du doch?«

»Gewiss«, sagte der Alte, holte Stein, Stahl und Schwammdose heraus, pinkte Feuer aus dem Stein, ließ den Zunder in der Schwammdose zum Glimmen kommen und steckte daran ein paar Schwefelspäne an. Die gab er dem Christkindchen. Das nahm einen hell brennenden Schwefelspan und steckte damit erst das oberste Licht an, dann das nächste davon rechts, dann das gegenüberliegende. Und rund um das Bäumchen gehend, brachte es so ein Licht nach dem andern zum Brennen.

Da stand nun das Bäumchen im Schnee; aus seinem halb verschneiten, dunklen Gezweig sahen die roten Backen der Äpfel, die Gold- und Silbernüsse blitzten und funkelten und die gelben Wachskerzen brannten feierlich. Das Christkindchen lachte über das ganze rosige Gesicht und patschte in die Hände, der alte Weihnachtsmann sah gar nicht mehr so brummig aus und der kleine Spitz sprang hin und her und bellte.

Als die Lichter ein wenig heruntergebrannt waren, wehte das Christkindchen mit seinen goldsilbernen Flügeln und da gingen die Lichter aus. Es sagte dem Weihnachtsmann, er solle das Bäumchen vorsichtig absägen. Das tat der und dann gingen beide den Berg hinab und nahmen das bunte Bäumchen mit.

Als sie in den Ort kamen, schlief schon alles. Beim

kleinsten Hause machten die beiden Halt. Das Christkindchen machte leise die Tür auf und trat ein; der Weihnachtsmann ging hinterher. In der Stube stand ein dreibeiniger Schemel mit einer durchlochten Platte. Den stellten sie auf den Tisch und steckten den Baum hinein. Der Weihnachtsmann legte dann noch allerlei schöne Dinge, Spielzeug, Kuchen, Äpfel und Nüsse unter den Baum und dann verließen beide das Haus so leise, wie sie es betreten hatten.

Als der Mann, dem das Häuschen gehörte, am andern Morgen erwachte und den bunten Baum sah, da staunte er und wusste nicht, was er dazu sagen sollte. Als er aber an dem Türpfosten, den des Christkinds Flügel gestreift hatte, Gold- und Silberflimmer hängen sah, da wusste er Bescheid. Er steckte die Lichter an dem Bäumchen an und weckte Frau und Kinder. Das war eine Freude in dem kleinen Haus wie an keinem Weihnachtstag. Keines von den Kindern sah nach dem Spielzeug, nach dem Kuchen und den Äpfeln, sie sahen nur alle nach dem Lichterbaum. Sie fassten sich an den Händen, tanzten um den Baum und sangen alle Weihnachtslieder, die sie wussten, und selbst das Kleinste, das noch auf dem Arm getragen wurde, krähte, was es krähen konnte.

Als es helllichter Tag geworden war, da kamen die Freunde und Verwandten des Bergmanns, sahen sich das Bäumchen an, freuten sich darüber und gingen gleich in den Wald, um sich für ihre Kinder auch ein Weihnachtsbäumchen zu holen. Die anderen Leute, die das sahen, machten es nach, jeder holte sich einen Tannenbaum und putzte ihn an, der eine so, der andere so, aber Lichter, Äpfel und Nüsse hängten sie alle daran.

Als es dann Abend wurde, brannte im ganzen Dorf Haus bei Haus ein Weihnachtsbaum, überall hörte man Weihnachtslieder und das Jubeln und Lachen der Kinder.

Von da aus ist der Weihnachtsbaum über ganz Deutschland gewandert und von da über die ganze Erde. Weil aber der erste Weihnachtsbaum am Morgen brannte, so wird in manchen Gegenden den Kindern morgens beschert.

MANFRED KYBER
Der kleine Tannenbaum

Es war einmal ein kleiner Tannenbaum im tiefen Tannenwalde, der wollte so gerne ein Weihnachtsbaum sein.
Aber das ist gar nicht so leicht, als man das meistens in
der Tannengesellschaft annimmt, denn der heilige Nikolaus ist in der Beziehung sehr streng und erlaubt nur den
Tannen als Weihnachtsbaum in Dorf und Stadt zu spazieren, die dafür ganz ordnungsmäßig in seinem Buch
aufgeschrieben sind. Das Buch ist ganz schrecklich groß
und dick, so wie sich das für einen guten alten Heiligen
geziemt, und damit geht er im Walde herum in den klaren kalten Winternächten und sagt es allen den Tannen,
die zum Weihnachtsfeste bestimmt sind. Und dann er-
schauern die Tannen, die zur Weihnacht erwählt sind,
vor Freude und neigen sich dankend, und dazu leuchtet
des Heiligen Heiligenschein, und das ist sehr schön und
sehr feierlich.

Und der kleine Tannenbaum im tiefen Tannenwalde,
der wollte so gerne ein Weihnachtsbaum sein.

Aber manches Jahr schon ist der heilige Nikolaus in
den klaren kalten Winternächten an dem kleinen Tannenbaum vorbeigegangen und hat wohl ernst und ge-
schäftig in sein erschrecklich großes Buch geguckt, aber
auch nichts und gar nichts dazu gesagt. Der arme kleine
Tannenbaum war eben nicht ordnungsmäßig vermerkt –
und da ist er sehr, sehr traurig geworden und hat ganz
schrecklich geweint, so daß es ordentlich tropfte von allen Zweigen.

Wenn jemand so weint, daß es tropft, so hört man das natürlich, und diesmal hörte das ein kleiner Wicht, der ein grünes Moosröcklein trug, einen grauen Bart und eine feuerrote Nase hatte und in einem dunklen Erdloch wohnte. Das Männchen aß Haselnüsse, am liebsten hohle, und las Bücher, am liebsten dicke, und war ein ganz boshaftes kleines Geschöpf. Aber den Tannenbaum mochte es gerne leiden, weil es oft von ihm ein paar grüne Nadeln geschenkt bekam für sein gläsernes Pfeifchen, aus dem es immer blaue ringelnde Rauchwolken in die goldene Sonne blies – und darum ist der Wicht auch gleich herausgekommen, als er den Tannenbaum so jämmerlich weinen hörte, und hat gefragt: »Warum weinst du denn so erschrecklich, daß es tropft?«

Da hörte der kleine Tannenbaum etwas auf zu tropfen und erzählte dem Männchen sein Herzeleid. Der Wicht wurde ganz ernst, und seine glühende Nase glühte so sehr, daß man befürchten konnte, das Moosröcklein finge Feuer, aber es war ja nur die Begeisterung, und das ist nicht gefährlich. Der Wichtelmann war also begeistert davon, daß der kleine Tannenbaum im tiefen Tannenwalde so gerne ein Weihnachtsbaum sein wollte, und sagte bedächtig, indem er sich aufrichtete und ein paarmal bedeutsam schluckte:

»Mein lieber kleiner Tannenbaum, es ist zwar unmöglich, dir zu helfen, aber ich bin eben ich, und mir ist es vielleicht doch nicht unmöglich, dir zu helfen. Ich bin nämlich mit einigen Wachslichtern, darunter mit einem ganz bunten, befreundet, und die will ich bitten, zu dir zu kommen. Auch kenne ich ein großes Pfefferkuchenherz, das allerdings nur flüchtig – aber jedenfalls will ich sehen, was sich machen läßt. Vor allem aber weine nicht mehr so erschrecklich, daß es tropft.« Damit nahm der kleine Wicht einen Eiszapfen in die Hand als Spazierstock und wanderte los durch den tiefen weißverschneiten Wald, der fernen Stadt zu.

Es dauerte sehr, sehr lange, und am Himmel schauten schon die ersten Sterne der heiligen Nacht durchs winterliche Dämmergrau auf die Erde hinab, und der kleine Tannenbaum war schon wieder ganz traurig geworden und dachte, daß er nun doch wieder kein Weihnachtsbaum sein würde. Aber da kam's auch schon ganz eilig und aufgeregt durch den Schnee gestapft, eine ganze kleine Gesellschaft: der Wicht mit dem Eiszapfen in der Hand und hinter ihm sieben Lichtlein – und auch eine Zündholzschachtel war dabei, auf der sogar was draufgedruckt war und die so kurze Beinchen hatte, daß sie nur mühsam durch den Schnee wackeln konnte.

Wie sie nun alle vor dem kleinen Tannenbaum standen, da räusperte sich der kleine Wicht im Moosröcklein vernehmlich, schluckte ein paarmal gar bedeutsam und sagte:

»Ich bin eben ich – und darum sind auch alle meine Bekannten mitgekommen. Es sind sieben Lichtlein aus allervornehmstem Wachs, darunter sogar ein buntes, und auch die Zündholzschachtel ist aus einer ganz besonders guten Familie, denn sie zündet nur an der braunen Reibfläche. Und jetzt wirst du also ein Weihnachtsbaum werden. Was aber das große Pfefferkuchenherz betrifft, das ich nur flüchtig kenne, so hat es auch versprochen zu kommen, es wollte sich nur noch ein Paar warme Filzschuhe kaufen, weil es gar so kalt ist draußen im Walde.

Eine Bedingung hat es freilich gemacht: Es muß gegessen werden, denn das müssen alle Pfefferkuchenherzen, das ist nun mal so. Ich habe schon einen Dachs benachrichtigt, den ich sehr gut kenne und dem ich einmal in einer Familienangelegenheit einen guten Rat gegeben habe. Er liegt jetzt im Winterschlaf, doch versprach er, als ich ihn weckte, das Pfefferkuchenherz zu speisen. Hoffentlich verschläft er's nicht!«

Als das Männchen das alles gesagt hatte, räusperte es sich wieder vernehmlich und schluckte ein paarmal gar bedeutsam, und dann verschwand es im Erdloch. Die Lichtlein aber sprangen auf den kleinen Tannenbaum hinauf, und die Zündholzschachtel, die aus so guter Familie war, zog sich ein Zündholz nach dem anderen aus dem Magen, strich es an der braunen Reibfläche und steckte alle die Lichtlein der Reihe nach an. Und wie die Lichtlein brannten und leuchteten im tiefverschneiten Walde, da ist auch noch keuchend und atemlos vom eiligen Laufen das Pfefferkuchenherz angekommen und hängte sich sehr freundlich und verbindlich mitten in den grünen Tannenbaum, trotzdem es nun doch die warmen Filzschuhe unterwegs verloren hatte und arg erkältet war. Der kleine Tannenbaum aber, der so gerne ein Weihnachtsbaum sein wollte, der wußte gar nicht, wie ihm geschah, daß er nun doch ein Weihnachtsbaum war.

Am anderen Morgen aber ist der Dachs aus seiner Höhle gekrochen, um sich das Pfefferkuchenherz zu holen. Und wie er ankam, da hatten es die kleinen Englein schon gegessen, die ja in der heiligen Nacht auf die Erde dürfen und die so gerne die Pfefferkuchenherzen speisen. Da ist der Dachs sehr böse geworden und hat sich bitter beklagt und ganz furchtbar auf den kleinen Tannenbaum geschimpft.

Dem aber war das ganz einerlei, denn wer einmal in seinem Leben seine heilige Weihnacht gefeiert hat, den stört auch der frechste Frechdachs nicht mehr.

UWE TELLKAMP
Wer hat den schönsten Weihnachtsbaum?

Rektor Scheffler war anzumerken, dass er nicht genau wusste, welchen Kurs er vorgeben sollte: Einerseits war Genosse Leonid Iljitsch gestorben, kaum zwei Monate war es her, und das große Schiff Sozialismus trieb führerlos dahin. Andererseits näherte sich das Weihnachtsfest – und jede Einschränkung, die eine bestimmte Grenze überschritt, würde nicht als Pietät, sondern als Schwäche, als Eingeständnis und Ausdruck einer Lähmung aufgefasst werden. Richard ließ den Blick durch das Rektoratszimmer schweifen, Breshnews Gorilla-Gesicht mit den verschlagen blickenden, tiefliegenden Äuglein unter Flaschenbürstenbrauen, der schwarze Streifen in der Ecke der Fotografie, daneben der Genosse Staatsratsvorsitzende im grauen Anzug vor himmelblauem Hintergrund, ein gewinnendes Lächeln auf den Lippen; dann die Reihe von Schefflers Vorgängern.

»Sie lehnen meine Vorlesung also ab.«

»Herr Hoffmann, bitte.« Scheffler machte eine unwillige Bewegung. »Haben Sie doch Verständnis für meine Lage. Genug, dass nun wieder dieser alberne Weihnachtsbaumkrieg beginnt!«

»Wir haben kaum noch Schmerzmittel, Genosse Rektor.«

»Ja, ich weiß. Heute Morgen war der Apotheker bei mir. Herr Hoffmann, ich bitte Sie um eins – keine Panik. Wir werden Abhilfe schaffen. Noch heute habe ich einen Termin bei Barsano. Seine Frau wird dabei sein.

Ich werde darum ersuchen, dass das Friedrich Wolf uns hilft.«

Das hatte dieses Krankenhaus noch nie getan, Scheffler wusste es, Richard wusste es. »Keine Panik, das ist jetzt das Wichtigste. Es gibt schon genug Gerüchte. Und es bleibt bitte unter uns, was wir besprochen haben.«

Wernstein sagte, als Richard und er sich vor den OP-Sälen die Hände wuschen: »Die von der Inneren sollen einen schönen Tannenbaum gefunden haben!«

»Und unserer?«

»Die Oberschwester ist auf dem Striezelmarkt gewesen, beim Tannenbaumverkauf. Nur Lahme, Krumme und Versehrte.«

Damit drohte die Chirurgische Klinik den Prestigewettstreit um den schönsten Tannenbaum zu verlieren, und das ausgerechnet gegen die Innere Medizin! Das durfte nicht sein, wurde in einer eigens angesetzten Konferenz beschlossen.

In der Orthopädie hatte Wernstein ein rachitisches Exemplar entdeckt, wahrscheinlich in märkischer Sanddürre groß geworden; in der Augenklinik ein wohlproportioniertes, anmutiges, doch kaum fünf Dioptrien hohes Exemplar; in der Urologie eine ungeschlachte Douglasfichte, unten drei Meter breit, aber nur zweifünfzig hoch, und außerdem endete sie in einem Quirl aus drei Zweigen. Die Neurologie trat mit einem Exemplar vom Striezelmarkt an, es war unten einen Meter breit und dreifünfzig hoch, schmal, spröde und reizbar, denn es hatte sofort genadelt und bis jetzt nicht damit aufgehört.

Abends ging Richard in den Planetenweg. Kühnast hatte zu Hause kein Telefon, und der Pförtner im Arzneimittelwerk hatte nicht durchstellen können. Richard hatte im Tausendaugenhaus angerufen und Alois Lange gebeten, dem Chemiker einen Zettel an die Tür zu stecken. Für diese Art Nachrichten gab es überall im Viertel Zettelkästen an den Türen, daneben Bleistifte an Bindfäden. Bitte klopfen, Klingel defekt, stand unter Kühnasts Schild.

»Ah, Herr Hoffmann, kommen Sie 'rein. Hab' Herrn Langes Zettel gelesen. – Nein, nein, Schuhe können Sie anlassen. Bitte hier entlang.« Sie gingen ins Wohnzimmer, an Bücherschäften vorbei, zwischen denen Gas- und Stromzähler tickten. Glasschlifftüren, Wasserflecken an der Flurdecke, feine Risse, abblätternder Stuck. »Meine Frau hat ein paar Schnittchen zurechtgemacht.« Kühnast wies auf ein Tablett. »Was trinken Sie?«

»Einen Ihrer Liköre, wenn's erlaubt ist.«

Über Kühnasts Gesicht zuckte Freude. »Naja, wir sind noch im Versuchsstadium. Hat sich das …«, der Chemiker rückte seine mit Heftpflaster geflickte Brille zurecht, »bis zu Ihnen herumgesprochen? Ich kann Pfirsich empfehlen.« Kühnast schenkte ein, beobachtete Richard, der das Glas mit der in wildem Abendrot gehaltenen Flüssigkeit kippte. »Stark.«

»Nicht wahr?« Der Chemiker setzte sich, schlug ein Bein übers andere. »Also. Was kann ich für Sie tun, Herr Hoffmann?«

Richard schilderte das Problem. »… und dachte, da Sie, im Arzneimittelwerk …«

»An der Quelle.« Herr Kühnast nickte, nahm nach einer Weile die Brille ab und ließ sie am geflickten Bügel baumeln. In Bälde sei Weihnachten, sagte er bedächtig. Richard verstand nicht ganz. Der Dresdner Christstollen sei berühmt, und zu Recht, fuhr Kühnast fort. Butter, Zucker, Mehl, Suckade, Sultaninen – es falle ihm von Jahr zu Jahr schwerer, die exotischen Zutaten zu besorgen; Bäcker Walther sehe sich mehr und mehr gezwungen, gegen Abgabe der Zutaten zu backen. Sultaninen, woher nehmen? Fett müsse der Stollen sein, beim Quetschen müsse der Schnitt feucht werden, schwer müsse der Stollen sein, nahrhaft, eine Weile angenehm im Magen warten, den Verdauungsenzymen süße, aber nicht süßliche Gesellschaft leisten, sultaninenreich müsse der Stollen sein, vom Bäcker Walther müsse der Stollen sein. »Zwanzig Stück, Herr Hoffmann. Meine Verwandtschaft, Sie verstehen.«

Mit Wernstein und Dreyssiger, den unternehmungslustigsten jüngeren Ärzten der Chirurgischen Klinik, besuchte Richard Malivor Marroquins Kostümverleih; jeder lieh ein Weihnachtsmannkostüm aus. »Etwas unbequem, aber es wird schon gehen! Und Tarnung muss sein.«

Sie stellten Auto nebst Anhänger am Heiderand ab. Der Mond lugte zwischen den Baumwipfeln hervor und ließ den Schnee neben dem Waldweg wie welliges Zink erscheinen. Dreyssiger schulterte die Zimmermannssäge, Wernstein nahm die Axt, Richard den Bolzenschneider.

»Wenn man nichts schiefgeht«, gab Wernstein zu bedenken. »Wenn wir erwischt werden, sind wir geliefert.«

»Ach was, wird schon klappen«, sagte Dreyssiger aufgekratzt. »Wer wagt, gewinnt. Oder willst du jetzt kneifen, Thomas?«

»Wenn nur der blöde Bart nicht so jucken würde.

Schätze, der hat in zentnerweise Mottenpulver gelegen. Riecht auch danach.«

»Ab jetzt Vorsicht, Männer«, mahnte Richard. »Zur Schonung sind es ungefähr zehn Minuten von hier. Sie ist bewacht. Von Förster Busse auf einem Hochsitz und einem Soldaten. Das hat mir der hiesige Pfarrer verraten. Busse dürfte seinen Hund dabeihaben.«

Wernstein hielt grinsend eine halbe Blutwurst hoch.

»Ausgezeichnet.«

»Ich hasse Blutwurst, Herr Oberarzt.«

»Der schönste Baum steht etwas für sich in der Mitte. Man soll ihn von der Anhöhe vor der Schonung gut sehen können.«

»Ziemlich genaue Kenntnisse, Ihr Herr Pfarrer.«

»Niemand kann ihn hindern, seine Waldspaziergänge mit Beobachtungen zu verbringen. Aber weiter. Die Schonung ist eingezäunt, Förster Busses Ansitz ungefähr fünfzig Meter vom Weg entfernt; der Soldat patrouilliert am Zaun entlang. Wir werden uns vorsichtig heranpirschen – und dann das hier.« Richard hob den Bolzenschneider. »Schnippschnapp! Herr Dreyssiger, wir beide robben zum Corpus Delicti und sägen. Herr Wernstein steht Schmiere. Können Sie ein Käuzchen nachahmen?«

Wernstein legte die Hände aneinander und blies in die Höhle unter den parallel liegenden Daumen.

»Lässt sich hören.« Richard nickte anerkennend. »Zweimaliges Schuhu, wenn's brenzlig wird. Ab jetzt nur das Allernötigste, und im Flüsterton!«

Bäcker Walther hatte eine herzkranke Mutter und prinzipiell Verständnis für Richards Anliegen. Immerhin sei er

Bäcker, außerdem privat. »Die Steuern«, hob er die be-
mehlten Hände, »die Steuern, Herr Doktor. Wir müssen
einen neuen Ofen haben, aber es wird uns alles wegge-
steuert.« Richard gab ihm die Sultaninen aus Alices und
Sandors Paket.

»Ich back' Ihnen die zwanzig Stollen, Herr Doktor.
Aber ich brauch' Medikamente für meine Mutter.«

»Ich stell' Ihnen ein Rezept aus.«

»Nein, nein, das sind spezielle von Doktor Tietze. Von
drüben. Von hier, aber für drüben hergestellt. Und von
drüben wieder hergeschickt.«

Auf der Hügelkuppe oberhalb der Schonung warteten sie
hinter einem Baum und beobachteten. Der Anstand war
nicht zu sehen, dafür aber der Soldat, der dick einge-
mummt und mit geschulterter Kalaschnikow vor einer
Tür, die in die Umzäunung eingelassen war, auf- und
abschritt, hin und wieder mit den Armen schlug, eine
Taschenlampe einschaltete, um die Umgebung abzuleuch-
ten, und sich die Hände rieb. Er sah auf die Uhr; zur vollen Stunde schließlich trat er seine Runde an.

»Schätze, in einer Viertelstunde ist er wieder hier.« Richard befeuchtete den Zeigefinger, hielt ihn hoch. Der
Wind kam ihnen entgegen, würde also ihre Witterung
nicht zu Busses Hund tragen. Als vom Soldaten nichts
mehr zu sehen war, gab Richard ein Zeichen; Wernstein
blieb zurück. Im Wegschatten huschten Dreyssiger und
er auf den Zaun zu, Richard prüfte die Spannung des
Drahtes und schnitt ihn nahezu geräuschlos auf. Krimi-
nell!, dachte er. Aber die Fichte muss durchpassen. Hoffentlich ist der Schnitt nicht zu sehen, und hoffentlich

macht der uniformierte Depp nicht gerade hier seine Lampe an, wenn er wiederkommt. Sie krochen in die Schonung, richteten sich in den dicht stehenden Bäumen mühsam auf. Sie hängten die Weihnachtsmannmäntel an einen Ast – die würden drinnen doch nur hinderlich sein und zerreißen – und arbeiteten sich vorsichtig zur Mitte der Schonung vor. Dort standen die Bäume lichter. An jedem baumelte ein weißes Viereck. Dreyssiger schirmte seine Taschenlampe ab, leuchtete behutsam. Auf den Schildern standen Namen, sämtlich von hohen Parteifunktionären; die schönste Blaufichte war mit dem Namen »Barsano« gekennzeichnet. Sie war etwa drei Meter hoch und vollkommen ebenmäßig gewachsen.

Die Krankenschwestern der Nord I öffneten die letzten Schmerzmittel-Chargen. Herr Kühnast hatte prinzipiell Verständnis für Richards Lage. »Wir könnten eine Sonderschicht fahren. Das Problem ist, ich habe keine Arbeitskräfte. Und es geht nur sonnabends, da sind unsere hohen Tiere nie da.«

Richard trommelte seine Studenten zusammen und beraumte einen Subbotnik im Arzneimittelwerk an. Er liebte solche Exkursionen. Die Studenten, war seine Meinung als Hochschullehrer, mussten wissen, wo sie studierten, was sie studierten und warum sie studierten. Einst war Deutschland die Apotheke der Welt gewesen, und Dresden die Wiege der Pharmakologie. Das Arzneimittelwerk, hervorgegangen aus den Firmen Madaus, Gehe und der Chemischen Fabrik von Heyden, in der die Acetylsalicylsäure – Grundstoff für Aspirin, das meistverkaufte Medikament der Welt – erstmalig industriell hergestellt worden war, hatte seinen Hauptstandort in der Leipziger Straße, in der ehemaligen Drogen- und Appreturanstalt der Firma Gehe. Dachrinnen hingen verbogen, die Fenster trugen Aschekrawatten, das Lächeln der Bestarbeiter auf den Fotos an der Werksstraße war von Schwefelkrebs zerfressen, ebenso die Kreideaufschrift »Hilfsarbeiter aller Art« auf der Tafel »Wir stellen ein«, die am Pförtnerhäuschen hing.

»Psst!« Dreyssiger hob die Hand. Sie hörten das Knacken im Unterholz und wieselten sofort in Deckung.

»Sieh mal einer an, das ist ja der Magenstock!« Richard duckte sich. »Höchstpersönlich mit einem seiner Söhne!«

Diese beiden schlichen zielstrebig auf die schönste Blaufichte zu, lauschten einige Sekunden, die Richard und Dreyssiger sprachlos verbrachten, und begannen zu sägen. Richard überlegte: Sollten sie aufspringen und sagen: Halt, wir waren zuerst da!? Dreyssiger tat es schon und ging mit weit ausgreifenden Schritten auf Pfarrer Magenstock zu.

»Wer sind Sie?«, ächzte der Pfarrer.

Dreyssiger leuchtete die Gesichter ab. Sie waren schwarz geschminkt, eine Art Indianer-Kriegsbemalung.

»Wir waren zuerst da!« Dreyssiger hatte Mühe, seinen Zorn zu dämpfen.

»Oh ... Herr Hoffmann«, murmelte Magenstock, wobei er sich ans Herz griff, »Sie haben sich also nicht ohne Hintergedanken bei mir erkundigt.«

Richard mahnte Dreyssiger mit einer Handbewegung, die Lampe auszuschalten. Die vier Männer lauschten beklommen. Es war nichts zu hören außer Baumgeflüster.

»Herr Hoffmann, Sie … verfolgen die Interessen einer Klinik?« Pfarrer Magenstock atmete mühsam. »Sehen Sie, ich verfolge die Interessen meines Glaubens. Der Brauch stammt aus dem Mutterschoß der Christenheit!«

In diesem Augenblick ertönte Wernsteins Warn-Schuhu. Die Männer rappelten sich auf. Magenstock und sein Sohn rannten zu Barsanos Fichte und vollendeten in rasendem Ritschratsch ihr Säge-Werk. Ein Hund schlug an. »Los, verduften!« krächzte Pfarrer Magenstock mit bemerkenswerter Kaltschnäuzigkeit. Dreyssiger schnappte sich die Zimmermannssäge, Richard hatte in der Panik den Bolzenschneider liegengelassen. Schon sah man Taschenlampenlicht durch das Astwerk junger Fichten schwanken. Die vier brachen ohne Rücksicht durch das Unterholz. »Stehenbleiben, halt!« und »Rudo, fass!«, schrie es hinter ihnen. Magenstock klatschten die von seinem voranpreschenden Sohn umgebogenen Zweige ins Gesicht. Der Hund bellte, dazwischen Wernsteins pausenlose Schuhu-Rufe; wie sinnlos, dachte Richard, es klingt wie ein gedopter Kuckuck. »Stehen-bleiben! Stee-heen-blei-been!«

»Herr Kühnast, so geht es nicht. Sie können doch nicht einfach irgendwelche Leute hier 'reinlassen. Es gibt Hygienevorschriften, einen Maschinenlaufplan –«

»Sie hätten doch nur Hilfsarbeiten ausgeführt«, verteidigte sich der Chemiker. »Seit Monaten haben wir Schwierigkeiten in der Verpackung.«

»Trotzdem. Wenn was kaputtgeht oder passiert, was

dann? Sie hätten es außerdem mit mir absprechen müssen!« Der Gesichtsausdruck von Kühnasts Vorgesetztem wechselte. »Andererseits sind Sie nun mal da. Kommen Sie doch mal mit, Herr Hoffmann«, und führte Richard in eine Kammer voller Schreibmaschinen. »Alle defekt! Ich bemühe mich seit anderthalb Jahren um einen Monteur aus dem Betrieb Ihres Schwagers. Sie sollen Ihre Medikamente haben, für Herz und Schmerz. Wenn unsere Schreibmaschinen endlich repariert werden. Und grüßen Sie bitte Ihren Bruder von mir.«

»Ich lasse Sie laufen, meine Herren. Unter einer Bedingung. Einer von Ihnen spielt für meine Jungs den Weihnachtsmann«, knurrte Förster Busse. »Mir glauben die Bengel nämlich nichts mehr.« Wernstein verlor das Münzenwerfen.

Mit dem Baum des Ersten Sekretärs ging Richard zu Ulrich, der sich bereit erklärt hatte, einen Monteur ins Arzneimittelwerk zu schicken – wenn er dafür einen Tannenbaum bekomme, mit dem seine Abteilung im sozialistischen Wettbewerb »Wer hat den schönsten Tannenbaum« den begehrten Wanderpokal nebst daranhängender erklecklicher Prämie gewinne.

»Oberarzt Hoffmann bitte zu Professor Müller«, tönte es aus der Kliniksprechanlage. Müller ging erregt auf und ab. »Wenn nur der Reucker mich in der Konferenz nicht so triumphierend mustern würde! Ich muss mich beherrschen, Herr Hoffmann, und ich mag es nicht, mich beherrschen zu müssen!« Er verzog seine Lippen zu einem schmollenden Himbeerwulst. »Aber es hilft nichts. In diesem Jahr werden wir uns der Inneren wohl geschlagen geben müssen. Es ist ja schon unglaublich, dass Reucker auch die Weihnachtsbaumabnahmekommission leitet.«

»Was? Nicht der Rektor?«

»Eben nicht. Das ist ja die Schweinerei.«

»Noch geben wir nicht auf.«

»Aber uns bleibt nur der Striezelmarkt, soweit ich sehe.«

»Dort gibt es nur noch Krückstöcke, die uns zum Gespött der Akademie machen.«

Über Müllers Gesicht blitzte eine Idee. »Und Reisig, Herr Hoffmann, und Reisig.«

Aber bei der Kontrollabnahme zog der Chef der Inneren Kliniken, Reucker, mit kühler Handbewegung einen Schraubenzieher aus der Tasche seines blütenweißen Kittels, suchte eine Weile, während der sich Müllers Lippen zu einem Schlitz zusammenpressten, und schraubte einen Ast an der stolz aufgerichteten, scharf symmetrisch gebauten chirurgischen Fichte ab. Die Schwestern, Ärzte, Diätköchinnen, Hilfspfleger standen mit gesenkten Köpfen, man konnte das Knistern der Kittel hören. »Der Schraubenbaum wächst nicht in heimischer Natur«, sagte Reucker und ließ das Schräubchen von weit oben in die ausgestreckte Hand eines Assistenten fallen, der, verlobt mit einer Krankenschwester aus der Chirurgie, süffisant lächelte. Im Planetenweg aß man an diesem Abend den besten Stollen der Welt.

AXEL HACKE
Die Christbaumkugel

Nun haben wir August. Weihnachten ist schon eine Weile her. Auf der Kommode im Flur liegt immer noch eine riesige lilafarbene Christbaumkugel. Paola hatte sie zur Weihnachtszeit über dem Spiegel im Flur aufgehängt, das sah sehr schön aus und war ziemlich praktisch. Der Spiegel ist gleich gegenüber der Wohnungstür, und wenn man vor Weihnachten hereinkam, sah man als Erstes diese riesige Christbaumkugel und wusste sofort: Aha, jetzt ist also Weihnachtszeit. Nur, falls man es vergessen hatte.

Nach Weihnachten wurde die Kugel abgehängt und fürs Erste auf die Kommode gelegt, damit sie in den Keller gebracht werden konnte. Aber sie ist immer noch dort. Und es ist keine Weihnachtszeit, beim besten Willen nicht.

»Man müsste die Christbaumkugel in den Keller bringen«, sagt Paola ab und zu.

»Jemand könnte mal die Christbaumkugel hier wegtun, in den Keller vielleicht«, sage ich dann und wann.

Manchmal kommt es mir so vor, als ob in unserer Wohnung noch drei andere Personen lebten, außer Paola, Luis, mir und Bosch, meinem sehr alten Kühlschrank und Freund. Diese drei anderen Personen sind: Herr Man, Frau Jemand und Fräulein Einer. Um die Wahrheit über diese drei zu sagen: Sie sind stinkfaul. Sie beteiligen sich in keiner Weise am Gemeinschaftsleben. Sie tun überhaupt nichts.

Ich sage: »Man müsste mal die Blumen auf dem Balkon gießen.« Aber Man tut es nicht.

Paola sagt: »Jemand müsste mal deinen Tennisschläger beiseiteräumen.« Aber Jemand ist nirgendwo in Sicht.

Ich sage: »Einer müsste unbedingt das Altglas wegbringen.« Aber das Altglas bleibt da, nichts zu sehen von Einer.

Der Fall der Christbaumkugel ist besonders schwierig. Es war, glaube ich, Anfang März, als Paola ihretwegen einen Wutanfall bekam. Sie schrie, diese Christbaumkugel müsse hier endlich weggeräumt werden, wenn sie nicht bald hier weggeräumt werde, dann werde sie das Ding aus dem Fenster werfen, sie könne es nicht mehr sehen.

Man beachte nun hier die Formel »muss hier endlich weggeräumt werden«. Es handelt sich um das sogenannte Partnerschafts-Passiv, eine in Beziehungen sehr alltägliche Art zu sprechen, wenn es um Dinge geht, die unbedingt getan werden müssen, die man selbst aber um keinen Preis der Welt tun möchte.

Es gibt ja so gewisse Dinge, die man einfach überhaupt nicht gerne tut, bei jedem ist es etwas anderes: Ich persönlich hasse das Bohren von Löchern (zum Bilderaufhängen oder Regalbefestigen) wie nichts auf der Welt. Paola verachtet das Blumengießen, als wäre es der Abschaum unter den Tätigkeiten. Wenn nun Löcher gebohrt oder Blumen gegossen werden müssen, man selbst es einerseits nicht tun möchte, andererseits aber auch aus internen Gründen nicht direkt den Partner dazu auffordern will (»Kannst du nicht hier endlich mal ...?!«) – dann also verwendet man das Partner-schafts-Passiv. Es macht auf das Problem aufmerksam, provoziert nicht unbedingt Streit und lässt für die Lö-sung Spielräume, zum Beispiel die sanfte Antwort: »Wie wäre es, du würdest es tun ...?«

Mit der Christbaumkugel war es nun so, dass sich eines Tages mehrere Gegenstände angesammelt hatten, die in den Keller gebracht werden mussten, darunter eine Reisetasche. Ich packte ungefähr im April in einem Anfall von Entschlusskraft alles in die Reisetasche, trug sie in den Keller und stellte die Tasche dort ab, samt Ku-gel.

Ein paar Wochen später musste Paola über das Wo-chenende verreisen. Sie holte sich aus dem Keller die Rei-setasche und bemerkte erst in der Wohnung, dass die Christbaumkugel noch drin war.

»Die Reisetasche hätte im Keller ausgepackt werden müssen«, sagte Paola und legte die Christbaumkugel wieder auf die Kommode im Flur, wo sie sich, wie gesagt, immer noch befindet.

Wir haben ja nun schon August. Eigentlich lohnt es sich gar nicht mehr, die Kugel noch in den Keller zu brin-gen. Für die paar Monate. Weihnachten müsste sie ja doch nur wieder nach oben gebracht werden. Oder Je-mand müsste sie holen. Oder Einer. Oder Man.

Die Bescherung

FELIX TIMMERMANS
Sankt Nikolaus in Not

Es fielen noch ein paar mollige Flocken aus der wegzie-
henden Schneewolke, und da stand auf einmal auch
schon der runde Mond leuchtend über dem weißen
Turm.

Die beschneite Stadt wurde eine silberne Stadt.

Es war ein Abend von flaumweicher Stille und lilien-
reiner Friedsamkeit. Und wären die flimmernden Sterne
herniedergesunken, um als Heilige in goldenen Meßge-
wändern durch die Straßen zu wandeln – niemand hätte
sich gewundert.

Es war ein Abend, wie geschaffen für Wunder und Mi-
rakel. Aber keiner sah die begnadete Schönheit des alten
Städtchens unter dem mondbeschienenen Schnee.

Die Menschen schliefen.

Nur der Dichter Remoldus Keersmaeckers, der in allem das Schöne sah und darum lange Haare trug, saß
noch bei Kerzenschein und Pfeifenrauch und reimte
ein Gedicht auf die Götter des Olymps und die Herrlich-
keit des griechischen Himmels, die er so innig auf Holz-
schnitten bewundert hatte.

Der Nachtwächter Dries Andijvel, der auf dem Turm
die Wache hielt, huschte alle Viertelstunden hinaus, blies
eilig drei Töne in die vier Windrichtungen, kroch dann
zurück in die warme, holzgetäfelte Kammer zum bul-
lernden Kanonenöfchen und las weiter in seinem Lieder-
büchlein: »Der flämische Barde, hundert Lieder für fünf
Groschen.« War eins dabei, von dem er die Weise kannte,

dann kratzte er die auf einer alten Geige und sang das Lied durch seinen weißen Bart, daß es bis hoch ins rabenschwarze Gerüst des Turmes schallte. Ein kühles Gläschen Bier schmierte ihm jedesmal zur Belohnung die Kehle.

Trinchen Mutser aus dem »Verzuckerten Nasenflügel« saß in der Küche und sah traurig durch das Kreuzfensterchen in ihren Laden.

Ihr Herz war in einen Dornbusch gefallen. Trinchen Mutsers Herz war ganz durchstochen und durchbohrt, nicht weil all ihr Zuckerzeug heut am Sankt-Nikolaus-Abend ausverkauft war – ach nein! weil das große Schokoladenschiff stehengeblieben war. Einen halben Meter war es hoch und so lang wie von hier bis dort! Wie wunderschön stand es da hinter den flaschengrünen Scheiben ihres Lädchens, lustig mit Silberpapier beklebt, verziert mit rosa Zuckerrosetten, mit Leiterchen aus weißem Zucker und mit Rauch in den Schornsteinen. Der Rauch war weiße Watte.

Das ganze Stück kostete soviel wie all die kleinen Lekkereien, die Pfefferkuchenhähne mit einem Federchen am Hintern, die Knusperchen, die Schaumflocken, die Zuckerbohnen und die Schokoladenplätzchen zusammen. Und wenn das Stück, das Schiff aus Schokolade, das sich in rosa Zuckerbuchstaben als die »Kongo« auswies, nicht verkauft wurde, dann lag ihr ganzer Verdienst im Wasser, und sie verlor noch Geld obendrein.

Warum hat sie das auch kaufen müssen? Wo hat sie nur ihre Gedanken gehabt! So ein kostbares Stück für ihren bescheidenen kleinen Laden!

Wohl waren alle gekommen, um es sich anzusehn,

Mütter und Kinder, sie hatte dadurch verkauft wie noch nie. Aber kein Mensch fragte nach dem Preis, und so blieb es stehen und rauchte immer noch seine weiße Watte, stumm wie ein toter Fisch.

Als Frau Doktor Vaes gekommen war, um Varenbergsche Hustenbonbons zu holen, da hatte Trinchen gesagt: »Sehen Sie nur mal, Frau Doktor Vaes, was für ein schönes Schiff! Wenn ich Sie wäre, dann würde ich Ihren Kindern nichts anderes zum Sankt Nikolaus schenken als dieses Schiff. Sie werden selig sein, wie im Himmel.«

»Ach«, sagte Frau Vaes abwehrend, »Sankt Nikolaus ist ein armer Mann. Die Kinder werden schon viel zu sehr verwöhnt, und außerdem gehen die Geschäfte von dem Herrn Doktor viel zu schlecht. Wissen Sie wohl, Trinchen, daß es in diesem Winter fast keine Kranken gibt? Wenn das nicht besser wird, weiß ich gar nicht, was wir anfangen sollen.« Und sie kaufte zwei Pfefferkuchenhähne auf einem Stäbchen und ließ sich tagelang nicht mehr sehen.

Und heute war Nikolausabend; aller Kleinkram war verkauft, nur die »Kongo« stand noch da in ihrer braunen Kongofarbe und rauchte einsam und verlassen ihre weiße Watte. Zwanzig Franken Verlust! Der ganze Horizont war schwarz wie die »Kongo« selber. Vielleicht könnte man sie stückweise verkaufen oder verlosen? Ach nein, das brachte noch nicht fünf Franken ein, und sie konnte das Ding doch nicht auf die Kommode stellen neben die anderen Nippsachen.

Ihr Herz war in einen Dornbusch gefallen. Sie zündete eine Kerze an für den heiligen Antonius und eine für Sankt Nikolaus und betete einen Rosenkranz, auf daß der Himmel sich des Schiffes annehmen möge und Gnade tauen. Sie wartete und wartete.

Die Stille wanderte auf und ab.

Um zehn Uhr machte sie die Fensterläden zu und konnte in ihrem Bett vor Kummer nicht schlafen.

Und es gab noch ein viertes Wesen in dem verschneiten Städtchen, das nicht schlief. Das war ein kleines Kind, Cäcilie; es hatte ein seidig blondes Lockenköpfchen und war so arm, daß es sich nie mit Seife waschen konnte, und ein Hemdchen trug es, das nur noch einen Ärmel hatte und am Saum ausgefranst war wie Eiszapfen an der Dachrinne.

Die kleine Cäcilie saß, während ihre Eltern oben schliefen, unter dem Kamin und wartete, bis Sankt Nikolaus das Schokoladenschiff von Trinchen Mutser durch den Schornstein herunterwerfen würde. Sie wußte, es würde ihr gebracht werden; sie hatte es jede Nacht geträumt, und nun saß sie da und wartete voller Zuversicht und Geduld darauf; und weil sie fürchtete, das Schiff könne beim Fallen kaputtgehen, hatte sie sich ihr Kopfkissen auf den Arm gelegt, damit es weich wie eine Feder darauf niedersinken könnte.

Und während nun die vier wachenden Menschen im Städtchen: der Dichter, der Turmwächter, Trinchen Mutser und Cäcilie, ein jedes mit seiner Freude, seinem Kummer oder seiner Sehnsucht beschäftigt, nichts sahen von der Nacht, die war wie ein Palast, öffnete sich der Mond wie ein runder Ofen mit silberner runder Tür, und es stürzte aus der Mondhöhle eine solche strahlende Klarheit hernieder, daß sie sich auch mit goldener Feder nicht beschreiben ließe.

Einen Augenblick lang fiel das echte Licht aus dem wirklichen Himmel auf die Erde. Das geschah, um Sankt Nikolaus auf seinem weißen, schwer beladenen Eselchen und den schwarzen Knecht Ruprecht durchzulassen.

Aber wie kamen sie nun auf die Erde? Ganz einfach. Das Eselchen stellte sich auf einen Mondstrahl, stemmte die Beine steif und glitschte nur so herunter, wie auf einer schrägen Eisbahn. Und der schlaue Knecht Ruprecht faßte den Schwanz vom Eselchen und ließ sich ganz behaglich mitziehen, auf den Fersen hockend. So kamen sie ins Städtchen, mitten auf den beschneiten Großen Markt.

In Körben, die zu beiden Seiten des Eselchens hingen, dufteten die bunten Leckereien, die Knecht Ruprecht unter der Aufsicht von Sankt Nikolaus in der Konditorei des Himmels gebacken hatte. Und als man sah, daß es nicht reichte und der Zucker zu Ende ging, da hatte Knecht Ruprecht sich in Zivil geworfen, um unerkannt in den Läden, auch bei Trinchen Mutser, Süßigkeiten zu kaufen, von dem Geld aus den Sankt-Nikolaus-Opferstöcken, die er alle Jahre einmal in den Kirchen ausleeren durfte. Mit all den Leckereien war er an einem Mondstrahl in den schönen Himmel hinaufgeklettert, und nun mußte das alles verteilt werden an die kleinen Freunde von Sankt Nikolaus.

Sankt Nikolaus ritt durch die Straßen, und bei jedem Haus, in dem ein Kind wohnte, gab er je nach der Artigkeit des Kindes dem Knecht Ruprecht Leckereien, welche dieser, mit Katzengeschmeidigkeit an Regenkandeln und Dachrinnen entlang kletternd und über die Ziegel krabbelnd, zum Schornstein brachte; da ließ er sie dann

vorsichtig hinunterfallen durch das kalte zugige Kamin-
loch, gerade auf einen Teller oder in einen Holzschuh
hinein, ohne die zerbrechlichen Köstlichkeiten auch nur
etwas zu bestoßen oder zu schrammen.

Knecht Ruprecht verstand sich auf seine Sache, und
Sankt Nikolaus liebte ihn wie seinen Augapfel.

So bearbeiteten sie das ganze Städtchen, warfen herab,
wo zu werfen war, sogar hier und da eine harte Rute für
rechte Taugenichtse.

»Da wären wir bis zum nächsten Jahr wieder mal fertig«, sagte der Knecht Ruprecht, als er die leeren Körbe sah. Er steckte sich sein Pfeifchen an und stieß einen erleichterten Seufzer aus, weil die Arbeit nun getan
war.

»Was?« fragte Sankt Nikolaus beunruhigt, »ist nichts
mehr drin? Und die kleine Cäcilie? die brave kleine Cäcilie? schscht!«

Sankt Nikolaus sah auf einmal, daß sie vor Cäciliens
Haus standen, und legte mahnend den Finger auf den
Mund. Doch das Kind hatte die warme, brummende Stimme gehört wie Hummelgesumm, machte große Augen
unter dem goldenen Lockenkopf, glitt ans Fenster, schob
das Gardinchen weg und sah Sankt Nikolaus, den wirklichen Sankt Nikolaus.

Das Kind stand mit offenem Munde staunend da. Und
während es sich gar nicht fassen konnte über den goldenen Bischofsmantel, der funkelte von bunten Edelstei-
nen wie ein Garten, über die Pracht der Mitra, worauf
ein diamantenes Kreuz Licht in die Nacht hineinschnitt
wie mit Messern, über den Reichtum der Ornamente am
Krummstab, wo ein silberner Pelikan das Rubinenblut

pickte für seine Jungen, während sie die feine Spitze besah, die über den purpurnen Mantel schleierte, während sie Gefallen fand an dem guten weißen Eselchen, und während sie lachen mußte über die Grimassen von dem drolligen schwarzen Knecht, der die weißen Augen herumrollte, als ob sie lose wie Taubeneier in seinem Kopf lägen, während alledem hörte sie die zwei Männer also miteinander reden:

»Ist gar nichts mehr in den Körben, lieber Ruprecht?«

»Nein, heiliger Herr, so wenig wie in meinem Geldsäckel.«

»Sieh noch einmal gut nach, Ruprecht!«

»Ja, heiliger Herr, und wenn ich die Körbe auch ausquetsche, so kommt doch nicht so viel heraus wie eine Stecknadel.«

Sankt Nikolaus strich kummervoll über seinen schneeweißen Lockenbart und zwinkerte mit seinen honiggelben Augen.

»Ach,« sagte der schwarze Knecht, »da ist nun doch nichts mehr zu machen, heiliger Herr. Schreib der kleinen Cäcilie, daß sie im kommenden Jahr doppelt und dreimal soviel kriegen soll.

»Niemals! Ruprecht! Ich, der ich im Himmel wohnen darf, weil ich drei Kinder, die schon zerschnitten und eingepökelt waren, wieder zum Leben gebracht und ihrer Mutter zurückgegeben habe, ich sollte nun diese kleine Cäcilie, das bravste Kind der ganzen Welt, leer ausgehen lassen und ihm eine schlechte Meinung von mir beibringen? Nie, Ruprecht! Nie!«

Knecht Ruprecht rauchte heftig, das brachte auf gute Gedanken, und sagte plötzlich: »Aber, heiliger Herr, nun hört mal zu! Wir haben keine Zeit mehr, um noch einmal zum Himmel zurückzukehren. Ihr wißt, für Sankt Peter ist der Himmel kein Taubenschlag. Und außerdem, der Backofen ist kalt und der Zucker zu Ende. Und hier in der Stadt schläft alles, und es ist Euch sowohl wie mir verboten, Menschen zu wecken, und zudem sind auch alle Läden ausverkauft.«

Sankt Nikolaus strich nachdenklich über seine von vier Falten durchzogene Stirn, neben der schon Löckchen glänzten, denn sein Bart begann dicht unter dem Rande seines schönen Hutes.

Ich brauche euch nicht zu erzählen, wie Cäcilie langsam immer bekümmerter wurde von all den Worten. Das reiche Schiff sollte nicht bei ihr stranden! Und auf einmal schoß es leuchtend durch ihr Köpfchen. Sie machte die Tür auf und stand in ihrem zerschlissenen Hemdchen auf der Schwelle. Sankt Nikolaus und Knecht Ruprecht fuhren zusammen wie die Kaninchen. Doch Cäcilie schlug ehrerbietig ein Kreuz, stapfte mit ihren bloßen Füßchen in den Schnee und ging zu dem heiligen Kinderfreund. »Guten Tag, lieber Sankt Nikolaus«, stammelte das Kind. »Alles ist noch nicht ausverkauft … bei Trinchen Mutser steht noch ein großes Schokoladenschiff vom Kongo … wie sie die Läden vorgehängt hat, stand es noch da. Ich hab es gesehen!«

Von seinem Schreck sich erholend, rief Sankt Nikolaus erfreut: »Siehst du wohl, es ist noch nicht alles ausverkauft! Auf zu Trinchen Mutser! Zu Trinchen … aber ach! …«, und seine Stimme zitterte verzweifelt, »wir dürfen niemand wecken.«

»Ich auch nicht, Sankt Nikolaus?« fragte das Kind.

»Bravo!« rief der Heilige, »wir sind gerettet, kommt!«

Und sie gingen mitten auf der Straße, die kleine Cäcilie mit ihren bloßen Füßen voran, gerade nach der Eierwaffelstraße, wo Trinchen Mutser wohnte. In der Süßrahmbutterstraße wurde ihr Blick auf ein erleuchtetes Fenster gelenkt. Auf dem heruntergelassenen Vorhang sahen sie den Schatten von einem dürren, langhaarigen Menschen, der mit einem Büchlein und einer Pfeife in der Hand große Gebärden machte, und sein Mund ging dabei auf und zu.

»Ein Dichter«, sagte Sankt Nikolaus und lächelte.

Sie kamen vor Trinchen Mutsers Haus. Im Mondlicht konnten sie gut das Aushängeschild erkennen: »Zum verzuckerten Nasenflügel«.

»Weck sie rasch auf«, sagte Sankt Nikolaus. Und das Kindchen lehnte sich mit dem Rücken an die Tür und klopfte mit der Ferse gegen das Holz. Aber das klang leise wie ein Samthämmerchen. »Stärker«, sagte der schwarze Knecht. »Wenn ich noch stärker klopfe, wird's noch weniger gehen, denn mein Fuß tut mir weh«, sagte das Kind.

»Mit den Fäusten«, sagte Knecht Ruprecht. Doch die Fäustchen waren noch leiser als die Fersen.

»Wart, ich werd meinen Schuh ausziehen, dann kannst du damit klopfen«, sagte Knecht Ruprecht.

»Nein«, gebot Sankt Nikolaus, »kein Drehn und Deuteln! Gott ist heller um uns als dieser Mondschein und duldet keine Advokatenkniffe.« Und doch hätte der gute Mann sich gern einen Finger abgebissen, um Cäcilie befriedigen zu können.

»Ach! aber den Kerl mit den Affenhaaren auf dem Vorhang«, rief Knecht Ruprecht erfreut, »den darf ich rufen, der schläft nicht!«

»Der Dichter! Der Dichter!« lachte Sankt Nikolaus. Und nun gingen sie alle drei schnell zu dem Dichter Remoldus Keersmaeckers.

Und kurzerhand machte Knecht Ruprecht kleine Schneebälle, die er ans Fenster warf. Der Schatten stand still, das Fenster ging auf, und das lange Gestell des Dichters, der Verse von den Göttern und Göttinnen des Olymps hersagte, wurde im Mondschein sichtbar und fragte von oben: »Welche Muse kommt, um mir Heldengesänge zu diktieren?«

»Du sollst Trinchen Mutser für uns wecken«, rief Sankt Nikolaus, und er erzählte seine Not.

»Ja, bist du denn der wirkliche Sankt Nikolaus?« fragte Remoldus.

»Der bin ich!« Und darauf kam der Dichter erfreut herunter, jätete allen Dialekt aus seiner Sprache, machte Verbeugungen und redete von Dante, Beatrice, Vondel, Milton und anderen Dichtergestalten, die er im Himmel glaubte. Er stand zu Diensten.

Sie kamen zu Trinchen Mutser, und der Dichter stampfte und rammelte mit so viel Temperament an der Tür, daß das Frauenzimmer holterdiepolter aus dem Bett stürmte und erschrocken das Fenster öffnete.

»Geht die Welt unter?«

»Wir kommen wegen dem großen Schokoladenschiff«, sagte Sankt Nikolaus, weiter konnte er ihr nichts erklären, denn sie war schon weg und kam wieder in ihrer lächerlichen Nachtbekleidung, mit einem bloßen Fuß und einem Strumpf in der Hand, und machte die Türe auf.

Sie steckte die Lampe an und ging sofort hinter den Ladentisch, um zu bedienen. Sie dachte, es müsse der Bischof von Mecheln sein.

»Herr Bischof«, sagte sie stotternd, »hier ist das Schiff aus bester Schokolade, und es kostet fünfundzwanzig Franken.« Der Preis war nur zwanzig Franken, aber ein Bischof kann ja gern fünf Franken mehr bezahlen.

Aber nun platzte die Bombe! Geld! Sankt Nikolaus hatte kein Geld, das hat man im Himmel nun einmal nicht nötig. Knecht Ruprecht hatte auch kein Geld, das Kind hatte nur ein zerschlissenes Hemdchen an, und der Dichter kaute an seinem langen Haupt- und Barthaar vor Hunger – er war vier Wochen Miete schuldig.

Niedergeschlagen sahen sie einander an.

»Es ist Gott zuliebe«, sagte Sankt Nikolaus. Gerne hätte er seine Mitra gegeben, aber alles das war ihm vom Himmel geliehen, und es wäre Heiligenschändung gewesen, es wegzugeben.

Trinchen Mutser rührte sich nicht und betrachtete sie finster.

»Tu es dem Himmel zuliebe«, sagte Knecht Ruprecht. »Nächstes Jahr will ich auch deinen ganzen Laden aufkaufen.«

»Tu es aus lauter Poesie«, sagte der Dichter theatralisch.

Aber Trinchen rührte sich nicht, sie fing an zu glauben, weil sie kein Geld hatten, daß es verkleidete Diebe seien.

»Schert euch raus! Hilfe! Hilfe!« schrie sie auf einmal. »Schert euch raus! Heiliger Antonius und Sankt Nikolaus, steht mir bei!«

»Aber ich bin doch selbst Sankt Nikolaus«, sagte der Heilige.

»So siehst du aus! Du hast nicht mal einen roten Heller aufzuweisen!«

»Ach, das Geld, das alle Bruderliebe vergiftet!« seufzte Sankt Nikolaus.

»Das Geld, das die edle Poesie verpfuscht!« seufzte der Dichter Keersmaeckers.

»Und die armen Leute arm macht«, schoß es der kleinen Cäcilie durch den Kopf.

»Und ein Schornsteinfegerherz doch nicht weiß klopfen machen kann«, lachte Knecht Ruprecht. Und sie gingen hinaus.

In der Mondnacht, die still war von Frostesklarheit und Schnee, tönte das »Schlafet ruhig« hart und hell vom Turm.

»Noch einer, der nicht schläft«, rief Sankt Nikolaus erfreut, und sogleich steckte Knecht Ruprecht auch schon den Fuß zwischen die Tür, die Trinchen wütend zuschlagen wollte.

»Haltet ihr mir die Frau wach«, sagte der schwarze Knecht, »ich komme sofort zurück!« Und damit stieß er die Tür wieder auf, und zwar so heftig, daß Trinchen sich plötzlich in einem Korb voll Zwiebeln wiederfand.

Und während die andern aufs neue hineingingen, sprang Knecht Ruprecht auf das Eselchen, sauste wie ein Sensenstrich durch die Straßen, hielt vor dem Turm, kletterte an Zinnen, Vorsprüngen und Zieraten, Schiefern und Heiligenbildern den Turm hinauf bis zu Dries Andijvel, der gerade »Es wollt ein Jäger früh aufstehn« auf seiner Geige kratzte.

Der Mann ließ Geige und Lied fallen, aber Knecht Ruprecht erzählte ihm alles.

»Erst sehen und dann glauben!« sagte Dries. Knecht Ruprecht kriegte ihn am Ende doch mit hinunter, und zu zweit rasten sie auf dem Eselchen durch die Straßen nach dem »Verzuckerten Nasenflügel«.

Sankt Nikolaus fiel vor dem Nachtwächter auf die Knie und flehte ihn an, doch die fünfundzwanzig Franken zu bezahlen, dann solle ihm auch alles Glück der Welt werden.

Der Mann war gerührt und sagte zu dem ungläubigen, hartherzigen Trinchen: »Ich weiß nicht, ob er lügt, aber so sieht Sankt Nikolaus doch aus in den Bilderbüchern von unsern Kindern und im Kirchenfenster über dem Taufstein. Und wenn er's nun wirklich ist! Gib ihm doch das Schiff! Morgen werde ich dir's bezahlen …!«

Trinchen hatte großes Vertrauen zu dem Nachtwächter, der aus ihrer Nachbarschaft war. Und Sankt Nikolaus bekam das Schiff.

»Jetzt geh nur schnell nach Hause und leg dich schlafen«, sagte Sankt Nikolaus zu Cäcilie. »Wir bringen gleich das Schiff.«

Das Kind ging nach Hause, aber es schlief nicht, es saß am Kamin mit dem Kissen auf den Ärmchen und wartete auf das Niedersinken des Schiffes.

Der Mond sah gerade in das armselig-traurige Kämmerchen.

Ach, was sah Cäcilie da auf einmal!

Dort auf einem glitzernden Mondstrahl kletterte das Eselchen in die Höhe mit Sankt Nikolaus auf seinem Rücken, und Knecht Ruprecht hielt sich am Schwanz fest und ließ sich mitschleifen. Der Mond öffnete sich; ein sanftes, großes Licht fiel in funkelnden Regenbogenfarben über die beschneite Welt. Sankt Nikolaus grüßte die Erde, trat hinein, und wieder war da das gewöhnliche grüne Mondenlicht. Die kleine Cäcilie wollte weinen. Knecht Ruprecht oder der gute Heilige hatten das Schiff nicht gebracht, es lag nicht auf dem Kissen.

Aber siehe! Was für ein Glück, das Schiff, die »Kongo«, stand ja da, in der kalten Asche, ohne Delle, ohne Bruch, strahlend von Silber, und rauchte für mindestens zwei Groschen weiße Watte aus beiden Schornsteinen! Wie war das möglich? Wie konnte das so in aller Stille geschehen …?

Ja, das weiß nun niemand, das ist die Findigkeit und die große Geschicklichkeit vom Knecht Ruprecht, und die gibt er niemand preis.

HANNS DIETER HÜSCH
Die Bescherung

Daß mir keiner ins Schlafzimmer kommt! Alle Jahre wieder ertönt dieser obligatorische Imperativ aus dem Munde meiner Frieda, wenn es darum geht, am Heiligen Abend Pakete und Päckchen in geschmackvolles Weihnachtspapier zu schlagen, wenn es darum geht, den Rest der Familie in Schach zu halten, damit auch ja keiner einen voreiligen Blick auf die Geschenke werfen kann.

Ich dagegen habe es etwas einfacher: Ich schmücke den Baum! Punkt 17.00 Uhr begebe ich mich auf die Veranda und hole den schönen Baum herein.

Es ist wirklich ein schöner Baum, sagt die Frieda.

Doch, sage ich, der Baum ist schön.

Dann kommt die kleinere Frieda auch noch und sagt, daß der Baum schön ist. – Und nachdem wir alle noch ein paarmal um den schönen Baum herumgegangen sind, sagt die Frieda: Mein Gott! Es ist ja schon halb sechs!

Und damit beginnt offiziell in allen Familien, die sich bei diesem Fest noch bürgerlicher Geheimnistuerei bedienen, der nervöse Teil der Bescherung.

Deshalb stecke ich mir vorbeugend – einmal im Jahr – zunächst mal eine Zigarre an und überlege in aller Ruhe, welche formalen Prinzipien ich dieses Mal zur Ausschmückung des schönen Baumes anwende.

Habe ich dann den Baum nach einigen Schnitzereien mit einem Sägemesser glücklich in den Christbaumständer gezwängt, weiß ich auch schon, wie ich's mache:

Dieses Mal werde ich endlich dem Prinzip huldigen: je schlichter, desto vornehmer! Zwei, drei Kugeln, vier bis fünf Kerzen, hie und da einen Silberfaden, aus! Schließlich ist das ja ein Baum und keine Hollywoodschaukel.

Das soll natürlich nicht heißen, daß wir nicht genug Kugeln und Kerzen, Lametta und Engelshaar, Glöckchen und Trompetchen hätten. Im Gegenteil. Ich könnte damit drei Bäume, Pardon, drei schöne Bäume schmücken.

Und schon erhebt sich die Frage: Nur bunte Kugeln oder nur silberne? Nur weiße Kerzen oder nur rote? Engelshaar oder kein Engelshaar? Ja, was sollen meine intellektuellen Freunde denken, wenn die am 2. Feiertag zu Besuch kommen und sehen dann meinen Mischmasch aus Sentimentalität und Kunstgewerbe? In diese meine präzisen ästhetischen Überlegungen hinein platzt die Frieda mit dem Ruf: Wie weit bist du? Um sechs Uhr ist Bescherung!

Das schaffe ich nicht, rufe ich zurück, ich kann ja den Baum nicht übers Knie brechen.

Wir haben zu Hause, sagt die Frieda, immer um sechs Uhr die Bescherung gehabt.

Wir haben die Bescherung, sage ich, immer um halb acht gehabt.

Wir haben sie um sechs gehabt, sagt die Frieda.

Um sechs Uhr schon Bescherung, sage ich, warum dann nicht schon gleich um vier oder im Oktober. Wir haben die Bescherung immer um halb acht gehabt, manche Leute haben ja die Bescherung erst am anderen Morgen.

Und wann sollen wir essen, fragt die Frieda.

Nach der Bescherung, sage ich.

Also um neun Uhr, sagt die Frieda, bis dahin sind wir ja verhungert. Wer hat übrigens das Marzipan gegessen, das hier auf der Truhe lag? Ich nicht, ruft die kleinere Frieda aus der Küche.

Also, sagt die Frieda, also, wenn du jetzt nicht den Baum in einer Viertelstunde fertig hast, dann könnt ihr euch eure Bescherung sonstwo hinstecken!

Vielleicht fängt schon mal einer an zu singen, sage ich, desto leichter geht mir der Baum von der Hand. Und alle ästhetischen Überlegungen nun über den Haufen werfend, überschütte ich den schönen Baum mit allem, was wir haben, so daß man schließlich vor lauter Glanz und Gloria keinen Baum mehr sieht, und die Frieda kommt herein und sagt: Nun hast du's ja doch wieder so gemacht wie im vorigen Jahr, das nächste Mal schmücke ich den Baum!

Ja, sage ich, wenn ihr mir keine Zeit laßt, dann kann natürlich kein Kunstwerk entstehen.

Nun steh hier mal nicht im Weg, sagt die Frieda, geh jetzt mal raus, ich muß nämlich jetzt hier die Geschenke packen und aufbauen!

Ja, wo soll ich denn hingehen, frage ich, darf ich vielleicht ins Wohnzimmer?

Nein, ruft da meine Schwägerin, die inzwischen eingetrudelt ist, daß mir keiner ins Wohnzimmer kommt, ich bin noch nicht fertig. Und in die Küche darf ich auch nicht, da bastelt nämlich die kleinere Frieda noch an diesen entzückenden Kringelschleifchen für jedes Päckchen herum.

Die Frieda kommt aus dem Christbaumzimmer und sagt: Augen zu! Ich halte mir die Augen zu und sage: Ins

Bad nur über meine Leiche, da hab ich nämlich meine Geschenke versteckt!

Und so geht das die ganze nächste halbe Stunde: Dreh dich mal um, guck nur nicht unter den Teppich, wer hat den Schlüssel vom Kleiderschrank, ich brauche noch geschmackvolles Weihnachtspapier, der Klebestreifen ist alle, willst du wohl von der Tür da weggehen, such lieber mal die Streichhölzer, meine Mutter hat das alles alleine gemacht, das ist gemein, du hast geguckt, die paar Minuten wirste wohl noch warten können.

Bis es dann endlich soweit ist, aber selbst dann kommt bei uns keine Ordnung zustande, dann heißt es nämlich: Wer packt zuerst aus? Du! Nein, ich nicht, zuerst das Kind, dann du. Nein, du dann. Wieso ich? Also, dann du und dann ich. Ich zuletzt, bitte.

Nun werden Sie vielleicht fragen, mit Recht fragen:

Wird denn bei Ihnen gar nicht gesungen, wird denn bei Ihnen nur eingepackt und ausgepackt?

Doch, doch natürlich, eine Strophe wird schon gesungen, aber dann fällt das Singen meist auseinander. Aber, wissen Sie, beim Einpacken und Auspacken, da sind wir alle so nervös und verlegen, dabei merkt man die Liebe und den Frieden und den Menschen ein Wohlgefallen viel stärker als beim Singen. Und auch der Baum, der kann dann sein, wie er will, groß oder klein, dürr oder dicht, bunt oder schlicht, die Frieda sagt dann jedesmal – auch dieses Mal wieder –: Also, der Baum ... also, der Baum ... der Baum ist wunderschön!!!

ERICH KÄSTNER
Ein Kind hat Kummer

Nur einmal in jedem Jahre hätte ich sehnlich gewünscht, Geschwister zu besitzen: am Heiligabend! Am Ersten Feiertag hätten sie ja gut und gerne wieder fortfliegen können, meinetwegen erst nach dem Gänsebraten mit den rohen Klößen, dem Rotkraut und dem Selleriesalat. Ich hätte sogar auf meine eigene Portion verzichtet und statt dessen Gänseklein gegessen, wenn ich nur am 24. Dezember abends nicht allein gewesen wäre! Die Hälfte der Geschenke hätten sie haben können, und es waren wahrhaftig herrliche Geschenke!

Und warum wollte ich gerade an diesem Abend, am schönsten Abend eines Kinderjahres, nicht allein und nicht das einzige Kind sein? Ich hatte Angst. Ich fürchtete mich vor der Bescherung! Ich hatte Furcht davor und durfte sie nicht zeigen. Es ist kein Wunder, daß ihr das nicht gleich versteht. Ich habe mir lange überlegt, ob ich darüber sprechen solle oder nicht. Ich will darüber sprechen! Also muß ich es euch erklären.

Meine Eltern waren, aus Liebe zu mir, aufeinander eifersüchtig. Sie suchten es zu verbergen, und oft gelang es ihnen. Doch am schönsten Tag im Jahr gelang es ihnen nicht. Sie nahmen sich sonst, meinetwegen, so gut zusammen, wie sie konnten, doch am Heiligabend konnten sie es nicht sehr gut. Es ging über ihre Kraft. Ich wußte das alles und mußte, uns dreien zuliebe, so tun, als wisse ich's nicht.

Wochenlang, halbe Nächte hindurch, hatte mein Vater im Keller gesessen und, zum Beispiel, einen wundervollen Pferdestall gebaut. Er hatte geschnitzt und genagelt, geleimt und gemalt, Schriften gepinselt, winziges Zaumzeug zugeschnitten und genäht, die Pferdemähnen mit Bändern durchflochten, die Raufen mit Heu gefüllt, und immer noch war ihm, beim Blaken der Petroleumlampe, etwas eingefallen, noch ein Scharnier, noch ein Beschlag, noch ein Haken, noch ein Stallbesen, noch eine Haferkiste, bis er endlich zufrieden schmunzelte und wußte: Das macht mir keiner nach!

Ein andermal baute er einen Rollwagen mit Bierfässern, Klappleitern, Rädern mit Naben und Eisenbändern, ein solides Fahrzeug mit Radachsen und auswechselbaren Deichseln, je nachdem, ob ich zwei Pferde oder nur eins einspannen wollte, mit Lederkissen fürs Abladen der Fässer, mit Peitschen und Bremsen am Kutschbock, und auch dieses Spielzeug war ein fehlerloses Meisterstück und Kunstwerk!

Es waren Geschenke, bei deren Anblick sogar Prinzen die Hände überm Kopf zusammengeschlagen hätten, aber Prinzen hätte mein Vater sie nicht geschenkt.

Wochenlang, halbe Tage hindurch, hatte meine Mutter die Stadt durchstreift und die Geschäfte durchwühlt. Sie kaufte jedes Jahr Geschenke, bis sich deren Versteck, die Kommode, krummbog. Sie kaufte Rollschuhe, Ankersteinbaukästen, Buntstifte, Farbtuben, Malbücher, Hanteln und Keulen für den Turnverein, einen Faustball für den Hof, Schlittschuhe, musikalische Wunderkreisel, Wanderstiefel, einen Norwegerschlitten, ein Kästchen mit Präzisionszirkeln auf blauem Samt, einen Kaufmannsladen, einen Zauberkasten, Kaleidoskope, Zinnsoldaten, eine kleine Druckerei mit Setzbuchstaben und, von Paul Schurig und den Empfehlungen des Sächsischen Lehrervereins angeleitet, viele, viele gute Kinderbücher. Von Taschentüchern, Strümpfen, Turnhosen, Rodelmützen, Hemden und ähnlich nützlichen Dingen ganz zu schweigen. Es war ein Konkurrenzkampf aus Liebe zu mir, und es war ein verbissener Kampf. Es war ein Drama mit drei Personen, und der letzte Akt fand, alljährlich, am Heiligabend statt. Die Hauptrolle spielte ein kleiner Junge. Von seinem Talent aus dem Stegreif hing es ab, ob das Stück eine Komödie oder ein Trauerspiel wurde. Noch heute klopft mir, wenn ich daran denke, das Herz bis in den Hals. Ich saß in der Küche und wartete, daß man mich in die Gute Stube rief, unter den schimmernden Christbaum, zur Bescherung. Meine Geschenke hatte ich parat: für den Papa ein Kistchen mit zehn oder gar 25 Zigarren, für die Mama einen Schal, ein selbstgemaltes Aquarell oder – als ich einmal nur noch 65 Pfennige besaß – in einem Karton aus Kühnes Schnittwarengeschäft, hübsch verpackt, die sieben Sachen. Die sieben Sachen? Ein Röllchen weißer und ein Röllchen schwarzer Seide, ein Heft Stecknadeln und ein Heft Nähnadeln, eine Rolle weißen Zwirn, eine Rolle schwarzen Zwirn und ein Dutzend mittelgroßer schwarzer Druckknöpfe, siebenerlei Sachen für 65 Pfennige. Das war, fand ich, eine Rekordleistung! Und ich wäre stolz gewesen, wenn ich mich nicht so gefürchtet hätte.

Ich stand also am Küchenfenster und blickte in die Fenster gegenüber. Hier und dort zündete man schon die Kerzen an. Der Schnee auf der Straße glänzte im Laternenlicht. Weihnachtslieder erklangen. Im Ofen prasselte das

Feuer, aber ich fror. Es duftete nach Rosinenstollen, Vanille-zucker und Zitronat. Doch mir war elend zumute. Gleich würde ich lächeln müssen, statt weinen zu dürfen.

Und dann hörte ich meine Mutter rufen: »Jetzt kannst du kommen!« Ich ergriff die hübsch eingewickelten Ge-schenke für die beiden und trat in den Flur. Die Zimmer-tür stand offen. Der Christbaum strahlte. Vater und Mut-ter hatten sich links und rechts vom Tisch postiert, jeder neben seine Gaben, als sei das Zimmer samt dem Fest halbiert. »Oh«, sagte ich, »wie schön!« und meinte bei-de Hälften. Ich hielt mich noch in der Nähe der Tür, so daß mein Versuch, glücklich zu lächeln, unmißverständ-lich beiden galt. Der Papa, mit der erloschnen Zigarre im Munde, beschmunzelte den firnisblanken Pferdestall. Die Mama blickte triumphierend auf das Gabengebirge zu ihrer Rechten. Wir lächelten zu dritt und überlächelten unsre dreifache Unruhe. Doch ich konnte nicht an der Tür stehen bleiben!

Zögernd ging ich auf den herrlichen Tisch zu, auf den halbierten Tisch, und mit jedem Schritt wuchsen meine Verantwortung, meine Angst und der Wille, die nächste Viertelstunde zu retten. Ach, wenn ich allein gewesen wäre, allein mit den Geschenken und dem himmlischen Gefühl, doppelt und aus zweifacher Liebe beschenkt zu werden! Wie selig wäre ich gewesen, und was für ein glückliches Kind! Doch ich mußte meine Rolle spielen, damit das Weihnachtsstück gut ausgehe. Ich war ein Dip-lomat, erwachsener als meine Eltern, und hatte dafür Sorge zu tragen, daß unsre feierliche Dreierkonferenz un-term Christbaum ohne Mißklang verlief. Ich war, schon mit fünf und sechs Jahren und später erst recht, der Zeremonienmeister des Heiligen Abends und entledigte mich der schweren Aufgabe mit großem Geschick. Und mit zitterndem Herzen.

Ich stand am Tisch und freute mich im Pendelverkehr.

Ich freute mich rechts, zur Freude meiner Mutter. Ich freute mich an der linken Tischhälfte über den Pferdestall im allgemeinen. Dann freute ich mich wieder rechts, diesmal über den Rodelschlitten, und dann wieder links, besonders über das Lederzeug. Und noch einmal rechts, und noch einmal links, und nirgends zu lange, und nirgends zu flüchtig. Ich freute mich ehrlich und mußte meine Freude zerlegen und zerlügen. Ich gab beiden je einen Kuß auf die Backe. Meiner Mutter zuerst. Ich verteilte meine Geschenke und begann mit den Zigarren. So konnte ich, während der Papa das Kistchen mit seinem Taschenmesser öffnete und die Zigarren beschnupperte, bei ihr ein wenig länger stehen bleiben als bei ihm. Sie bewunderte ihr Geschenk, und ich drückte sie heimlich an mich, so heimlich, als sei es eine Sünde. Hatte er es trotzdem bemerkt? Machte es ihn traurig?

Nebenan, bei Grüttners, sangen sie »O du fröhliche, o du selige, gnadenbringende Weihnachtszeit!«. Mein Vater holte ein Portemonnaie aus der Tasche, das er im Keller zugeschnitten und genäht hatte, hielt es meiner Mutter hin und sagte: »Das hätt ich ja beinahe vergessen!« Sie zeigte auf ihre Tischhälfte, wo für ihn Socken, warme lange Unterhosen und ein Schlips lagen. Manchmal fiel ihnen, erst wenn wir bei Würstchen und Kartoffelsalat saßen, ein, daß sie vergessen hatten, einander ihre Geschenke zu geben. Und meine Mutter meinte: »Das hat ja Zeit bis nach dem Essen.«

NANCY MITFORD
Tante Melitas Weihnachtsparty

Weihnachten kommt nur einmal im Jahr, auch wenn es
mir jetzt, wo ich älter werde und das Leben sich wie ein
Karussell immer schneller dreht, oft so erscheint, als kä-
me es einmal im Monat oder noch schlimmer. Jedenfalls
kommt es nie, ohne dass ich mich an meine Tante Melita
und ihre Weihnachtspartys erinnere. Für diejenigen, die
meine Tante nicht gekannt haben, sollte ich erklären,
dass sie die festlichen Tage in Ehren hielt und zu dieser
Zeit des Jahres nur darauf wartete, sich in eine Art Bie-
nenkönigin zu verwandeln, um die sich ihre ganze Familie eng zusammenscharte.

Mit diesem Bestreben hatte sie vollen, wenn auch unerklärlichen Erfolg; ihre Verwandten schimpften und
stöhnten und schworen sich: »Nie wieder«, doch jedes
Jahr am Heiligabend sah man sie durch die Eingangstür
in ihr Haus schwärmen, wie so viele von ihnen es schon
so lange sie zurückdenken konnten taten. Mit Bedacht
sage ich »ihr Haus«: Eigentlich gehörte Falconhurst natürlich Onkel Fred, aber die Sache mit Onkel Fred war die,
dass man sich von einem Weihnachtsfest zum nächsten
nicht erinnern konnte, ob er noch am Leben war oder
schon tot, wohingegen man sich bei Tante Melita absolut darauf verlassen konnte, dass sie am Leben war, und solange sie in diesem Zustand verharrte, musste sich schon
eine Katastrophe weltweiten Ausmaßes ereignen, um ihre jährliche Hausparty zu stören.

Bestimmt folgten die älteren Familienangehörigen ihrer Einladung aus reiner Gewohnheit. Die regelmäßige Teilnahme der jüngeren ist da schon schwieriger zu erklären. Tante Melitas Kinderlosigkeit und ihr enormes Einkommen lösten so manchen köstlichen Tagtraum aus: »Du bist mir eine gute Nichte gewesen, Ursula, und ich beabsichtige, deinen kleinen Christopher Robin zu meinem Erben zu machen«, aber vermutlich war der eigentliche Beweggrund ein anderer. Die zahlreichen Cousins und Cousinen, die in ihrer Kindheit natürlich häufig zusammengewürfelt worden waren, bewegten sich mittlerweile in den unterschiedlichsten Welten und genossen es sehr, den sittlichen, sozialen, beruflichen und körperlichen Verfall der anderen aus nächster Nähe zu beobachten. Dieses Vergnügen bereitete ihnen nur einmal im Jahr Tante Melitas Weihnachtsparty. Nachts, hinter verschlossenen Türen, summten die verschiedenen ehelichen Schlafzimmer geradezu vor hämischen Bemerkungen.

»Der arme Ivor; wer im Außenministerium arbeitet, ist ja immer einigermaßen blässlich, aber er sieht nun wirklich aus wie ein Tiefseemonster. Wie ich höre, haben sie sich Hoffnungen auf Rom gemacht; gewiss eine herbe Enttäuschung; aber ist Caresse nicht scheußlich zu ihm? Richtig peinlich.«

»In geschäftlichen Dingen dürfte Monica ihrem Mann keine große Hilfe sein; sie denkt nur noch an diese grässlichen Apportierhunde, angeblich richtet sie sie ab (zum Apportieren, weißt du), indem sie ihr Klavier in Eaton Square nach dem Abendessen mit toten Fasanen drapiert. Ihr gutes Aussehen hat sie eingebüßt, die Arme, findest du nicht?«

»Tante Rosie hat mir erzählt, dass Ralph sein ganzes

Geld verschleudert hat, um in Orwell eine Farm zu betreiben – aber es scheint ihm gut zu bekommen, jedes Mal, wenn ich ihn sehe, sieht er noch mehr aus wie ein Preisschwein. Mary muss müde sein, das arme Ding, ich glaube, sie verrichtet all die schwere Arbeit.«

Jedenfalls füllte sich Falconhurst, aus welchem Grund auch immer, jedes Weihnachten mit Verwandten. Es war ein Haus mit, wie man mitunter sagt, »altmodischem Komfort«, soll heißen: Komfort in jeder Hinsicht außer einer; die sanitären Einrichtungen waren unzulänglich, in einiger Entfernung von den Schlafzimmern und mit schwerem Mahagoni verkleidet. Es gab keine Zentralheizung, vielmehr glühten in jedem Zimmer und in allen Gängen, was ja auch viel behaglicher war, große Kohlenfeuer.

Tante Melita empfing ihre Gäste am Heiligabend, und am ersten Weihnachtstag wurde eine absolut starre Routine befolgt. Gäste, deren Ehe mit Nachwuchs gesegnet war, wurden lange vor Tagesanbruch von einem Trupp Kinder, eigenen wie fremden, geweckt, um den Inhalt ihrer Weihnachtsstrümpfe zu bewundern und angemessene Geschenke und Grüße zu empfangen und zu verteilen. Selbst liebevollen Eltern verlangt es ein gerüttelt Maß an Gutmütigkeit und Geistesgegenwart ab, an einem nasskalten Wintertag um sechs Uhr morgens angesichts handgefertigter Perlendeckchen und laubgesägter Speisekartenhalter in Elefantenform vor Begeisterung zu strahlen, aber elterliche Instinkte sind stark, und machbar ist es allemal.

Auch wenn sie bei all dem fürchterlichen Füßegetrappel gangauf und gangab selbstredend nicht weiterschlafen konnten, waren die kinderlosen Familienmitglieder wenigstens bis zum Frühstück der Pflicht entbunden, unnatürliche Dankbarkeit für abscheuliche, wenngleich rührende Geschenke zu heucheln. Das Frühstück fand um neun Uhr im Speisezimmer statt, und hier wurden Tante Melitas Geschenke entgegengenommen.

Tante Melita war ein regelmäßiger und begeisterter Gast bei Basaren, Lotterien und Tombolas; nunmehr wurde die reiche Ernte dieses Hobbys, sorgsam in Weihnachtspapier eingewickelt, jedem auf dem Frühstücksteller serviert. Sie liebte es, die nützlichen Teile solcherart erworbener Gegenstände für den eigenen Gebrauch zu entfernen, sodass ihre Geschenke meistens Dinge waren wie ein Badesalzglas ohne Badesalz, ein Kissenbezug ohne Kissen, eine Wärmflasche ohne Hülle, eine Bézigue-Box ohne Karten oder Marker. Auch neigte sie dazu, Dinge zu verschenken, die sie selbst verachtete. So hatte sie einmal ihrer Nichte Julia beim Frühstück eine Telefonabdeckung aus Plüsch und goldener Spitze geschenkt und fing beim Abendessen unklugerweise damit an, über Telefonabdeckungen herzuziehen – ihrer Meinung nach gebe es nichts Vulgäreres.

»Warum hast du mir eine geschenkt?«, fragte Julia.

»Meine Liebe«, erwiderte ihre Tante, ohne auch nur einen Augenblick zu zögern, »sie war spottbillig.«

Vielleicht sollte man an dieser Stelle anmerken, dass in der Familie ein ungeschriebenes Gesetz galt, dem zufolge die Erwachsenen (mit Ausnahme des Gastgebers und der Gastgeberin) einander nicht beschenkten. Einmal war der erste Weihnachtstag von einer eifrigen jungen Braut im ersten Hochgefühl der Begeisterung für die Verwandtschaft ihres Liebsten völlig durcheinander-

gebracht worden. Sie hatte eine riesige Truhe mit uner-
wünschten Geschenken dabei, die sie verteilte. Folge
davon war, dass all die anderen wutentbrannte Stunden
damit zubrachten, ihre Habe nach Gegenständen zu
durchsuchen, die sie erübrigen konnten, und Fetzen Geschenkpapier glattzustreichen, um sie darin einzuwi-
ckeln. Im darauffolgenden Jahr brachte dieselbe junge
Ehefrau, der klargeworden war, dass sie in der Ehelotte-
rie nicht eben das große Los gezogen hatte, Tante Melita
eine Schachtel mit Taschentüchern aus Chintz mit und
allen anderen nichts, nicht einmal ihrem Mann.

Hatte das Speisezimmer eben noch vor gut geheuchel-
ten Begeisterungsausrufen gehallt, so erstarrte nun die Gesellschaft in verblüfftem Schweigen, als sich draußen lauter Lärm erhob – es klang ungefähr, aber das konnten sie
damals noch nicht wissen, wie ein Fliegeralarm. Das war
die Blaskapelle von Falconhurst, die *While Shepherds
Watched their Flocks by Night* anstimmte, gefolgt von mehreren anderen weihnachtlichen Weisen, bis die Grenzen
der menschlichen Strapazierfähigkeit so gut wie erreicht
waren und Ogle, der Butler, der Sache mit großer Würde
und vornehmer Geste ein Ende machte, indem er dem ersten Hornisten auf einem silbernen Tablett fünf Pfund
überreichte. Dies war ein qualvoller Augenblick für Tante
Melitas Neffen, die trotz langjähriger gegenteiliger Erfahrung nie ganz die Hoffnung aufgegeben hatten, statt eines
Pfeifenständers oder eines Fotorahmens eines Tages ebenfalls ein hübsches, saftiges Trinkgeld einstreichen zu können.

Allerdings hatten sie nicht viel Muße, darüber nachzu-
denken. Kaum war das Frühstück zu Ende, wurde es Zeit

für die Kirche. Dann kam das Mittagessen, der Höhepunkt des Tages, mit Truthahn und einem flambierten Weihnachtspudding, spärlich dekoriert mit Sixpencestücken und kleinen silbernen Emblemen, gefolgt von Knallbonbons und reichlich Portwein. Dies zog sich bis weit in den Nachmittag, und um vier Uhr gab es Tee und die Bescherung unterm Baum, der das ganze Dorf beiwohnte.

Jetzt war Onkel Fred in seinem Element. In eine rote Kutte gekleidet, mit Bart und Kapuze und von Schlittenglöckchen angekündigt, teilte er unter den Schulkindern Geschenke aus seinem Sack aus und machte dabei wunderbar geistreiche Witze. Auch die Hausgäste erhielten jetzt von Onkel Fred ihre Geschenke – stets die gleichen, Pralinen und Zigaretten, und wieder mussten die grundlos hoffnungsvollen Neffen mit ansehen, wie die reichen Geldgeschenke in andere Hände wanderten – die des Hofgesindes.

Am liebsten hätten sich einige der Gäste jetzt in eine ruhige Ecke verzogen, um einen Robber Bridge zu spielen, aber das wäre ihnen nie verziehen worden, und so mussten sie beim Baum sitzen bleiben und so freundlich dreinschauen wie unter den gegebenen Umständen möglich, bis die letzte Note von *For He's a Jolly Good Fellow* verklungen war. Danach war es Zeit, sich fürs Abendessen umzukleiden.

Dieses war eine kalte Mahlzeit, die sozusagen schon kampfbereit verzehrt wurde, da der Tisch so rasch wie möglich für jenes traditionelle Weihnachtsspiel abgeräumt werden musste, das Tante Melita über alles liebte: Commerce. Natürlich hatte sich das Verlangen der Erwachsenen nach einem gemütlichen Robber vor dem Kamin im Raucherzimmer zu diesem Zeitpunkt fast schon ins Unerträgliche gesteigert.

Commerce ist ein einfaches, um nicht zu sagen: langweiliges Kartenspiel, bei dem jeder Spieler mit drei Leben oder Spielmarken beginnt. Wer seine drei Leben verloren hat, scheidet aus und kann den Rest des Abends ganz nach Belieben verbringen. Leider ist es kein Geschicklichkeits-, sondern das reinste Glücksspiel, und selbst mit dem größten Geschick der Welt kann man seine Leben nicht verlieren, wenn das Glück es nicht so fügt. Natürlich war das Ergebnis stets das gleiche. Die Kinder, erschöpft, übergessen und überreizt, aber wild entschlossen, den großen Preis von 15 Shilling zu gewinnen, verloren fast im Nu ihre Spielmarken und zogen sich heulend ins Bett zurück, während die Erwachsenen, jeder Aussicht auf den lang ersehnten Robber beraubt, ihre drei Leben bis in die frühen Morgenstunden nicht loswurden. Tante Melita teilte die Karten aus, und Tante Melita gewann fast jedes Mal die 15 Shilling. So ist das Leben, und so war der erste Weihnachtstag in Falconhurst.

Falconhurst ist heute eine Schule, von dicken kleinen Mädchen in schwarzen Strümpfen bevölkert. Tante Melita starb aus Wut, dass eine sozialistische Regierung gewählt worden war, und Onkel Fred lebt sehr glücklich in Frinton-on-Sea, Essex. Inzwischen sind ihre Neffen und Nichten in alle Winde zerstreut und werden älter, und diejenigen, die laubgesägte Elefanten verschenkten, sind längst selbst erwachsen und verheiratet, doch sooft sie einander begegnen, sagen sie als Erstes: »Weißt du noch die wunderschönen Weihnachtspartys bei Tante

Melita? Die haben immer furchtbar Spaß gemacht. Prächtiges altes Mädel, nicht wahr? Ich muss sagen, ich vermisse sie.«

Die Heilige Nacht

ROLF KRENZER
Die Geschichte vom Weihnachtslicht

Als die Engel den Hirten verkündet hatten, dass im Stall
von Bethlehem der König der Welt geboren worden war,
da suchte jeder nach einem passenden Geschenk, das er
dem Kind in der Krippe mitbringen wollte.

»Ich bringe ein Schäfchen mit!«, meinte der eine.

»Ich eine Kanne voll frischer Milch!«, sagte ein anderer.

»Und ich eine warme Decke, damit das Kind nicht
friert!«, rief ein Dritter.

Unter den Hirten war aber auch ein Hirtenknabe. Der
war bettelarm und hatte nichts, was er dem Kind schenken konnte. Traurig lief er zum Schafstall und suchte in
dem winzigen Eckchen, das ihm gehörte, nach etwas, was
er vielleicht doch mitbringen konnte. Aber da war nichts,
was auch nur den Anschein eines Geschenkes hatte. In
seiner Not zündete der Hirtenknabe eine kleine Kerze
an und suchte in jeder Ritze und in jeder Ecke. Doch alles Suchen war umsonst. Da setzte er sich endlich mitten
auf den Fußboden und war so traurig, dass ihm die Tränen an den Backen herunterliefen. So bemerkte er auch
nicht, dass ein anderer Hirte in den Stall gekommen war
und vor ihm stehen blieb. Er erschrak richtig, als ihn der
Hirte ansprach: »Da bringen wir dem König der Welt alle möglichen Geschenke. Ich glaube aber, dass du das allerschönste Geschenk hast!«

Erstaunt blickte ihn der Hirtenknabe mit verweinten
Augen an. »Ich habe doch gar nichts!«, sagte er leise.

Da lachte der Hirte und meinte: »Schaut euch diesen

Knirps an! Da hält er in seiner Hand eine leuchtende Kerze und meint, er habe gar nichts!«

»Soll ich dem Kind vielleicht die kleine Kerze schenken?«, fragte der Hirtenknabe aufgeregt.

»Es gibt nichts Schöneres!«, antwortete der Hirte leise.

Da stand der Hirtenknabe auf, legte seine Hand schützend vor die kleine Flamme und machte sich mit dem Hirten auf den Weg. Als die Hirten mit ihren Geschenken den Stall erreichten, war es dort kalt und dunkel.

Als aber der Hirtenknabe mit seiner kleinen Kerze den Stall betrat, da breitete sich ein Leuchten und eine Wärme aus, und alle konnten Maria und Josef und das Kind in der Krippe sehen.

So knieten die Hirten vor der Krippe und beteten den Herrn der Welt, das kleine Kind mit Namen Jesus, an. Danach übergaben sie ihre Geschenke. Der Hirtenknabe aber stellte seine Kerze ganz nah an die Krippe, und er konnte deutlich das Leuchten in Marias und Josefs Augen sehn.

»Das kleine Licht ist das allerschönste Geschenk!«, sagten die Hirten leise.

Und alle freuten sich an dem schönen Weihnachtslicht, das sogar den armseligen Stall warm und gemütlich machte.

Der Hirtenknabe aber spürte, wie in ihm selbst eine Wärme aufstieg, die ihn immer glücklicher machte. Und wieder musste er weinen. Jetzt weinte er aber, weil er sich so glücklich fühlte.

Bis zum heutigen Tag zünden die Menschen vor Weihnachten Kerzen an, weil sie alle auf Weihnachten warten und ihnen das kleine Licht immer wieder Freude und Geborgenheit schenkt.

KARL HEINRICH WAGGERL
Worüber das Christkind lächeln musste

Als Josef mit Maria von Nazareth her unterwegs war, um in Bethlehem anzugeben, dass er von David abstamme, was die Obrigkeit so gut wie unsereins hätte wissen können, weil es ja längst geschrieben stand – um jene Zeit also kam der Engel Gabriel heimlich noch einmal vom Himmel herab, um im Stalle nach dem Rechten zu sehen. Es war ja sogar für einen Erzengel in seiner Erleuchtung schwer zu begreifen, warum es nun der allererbärmlichste Stall sein musste, in dem der Herr zur Welt kommen sollte, und seine Wiege nichts weiter als eine Futterkrippe. Aber Gabriel wollte wenigstens noch den Winden gebieten, dass sie nicht gar zu grob durch die Ritzen pfiffen, und die Wolken am Himmel sollten nicht gleich wieder in Rührung zerfließen und das Kind mit ihren Tränen überschütten, und was das Licht in der Laterne betraf, so musste man ihm noch einmal einschärfen, nur bescheiden zu leuchten und nicht etwa zu blenden und zu glänzen wie der Weihnachtsstern.

Der Erzengel stöberte auch alles kleine Getier aus dem Stall, die Ameisen und Spinnen und die Mäuse, es war nicht auszudenken, was geschehen konnte, wenn sich die Mutter Maria vielleicht vorzeitig über eine Maus entsetzte! Nur Esel und Ochs durften bleiben, der Esel, weil man ihn später ohnehin für die Flucht nach Ägypten zur Hand haben musste, und der Ochs, weil er so riesengroß und so faul war, dass ihn alle Heerscharen des Himmels nicht hätten von der Stelle bringen können.

Zuletzt verteilte Gabriel noch eine Schar Engelchen im Stall herum auf den Dachsparren, es waren solche von der kleinen Art, die fast nur aus Kopf und Flügeln bestehen. Sie sollten ja auch bloß still sitzen und achthaben und sogleich Bescheid geben, wenn dem Kinde in seiner nackten Armut etwas Böses drohte. Noch ein Blick in die Runde, dann hob der Mächtige seine Schwingen und rauschte davon.

Gut so. Aber nicht ganz gut, denn es saß noch ein Floh auf dem Boden der Krippe in der Streu und schlief. Dieses winzige Scheusal war dem Engel Gabriel entgangen, versteht sich, wann hatte auch ein Erzengel je mit Flöhen zu tun!

Als nun das Wunder geschehen war, und das Kind lag leibhaftig auf dem Stroh, so voller Liebreiz und so rührend arm, da hielten es die Engel unterm Dach nicht mehr aus vor Entzücken, sie umschwirrten die Krippe wie ein Flug Tauben. Etliche fächelten dem Knaben balsamische Düfte zu und die anderen zupften und zogen das Stroh zurecht, damit ihn ja kein Hälmchen drücken oder zwicken möchte.

Bei diesem Geraschel erwachte aber der Floh in der Streu. Es wurde ihm gleich himmelangst, weil er dachte, es sei jemand hinter ihm her, wie gewöhnlich. Er fuhr in der Krippe herum und versuchte alle seine Künste, und schließlich, in der äußersten Not, schlüpfte er dem göttlichen Kinde ins Ohr.

»Vergib mir!«, flüsterte der atemlose Floh, »aber ich kann nicht anders, sie bringen mich um, wenn sie mich erwischen. Ich verschwinde gleich wieder, göttliche Gnaden, lass mich nur sehen, wie!«

Er äugte also umher und hatte auch gleich seinen Plan. »Hör zu«, sagte er, »wenn ich alle Kraft zusammennehme, und wenn du stillhältst, dann könnte ich vielleicht die Glatze des Heiligen Josef erreichen, und von dort weg kriege ich das Fensterkreuz und die Tür ...«

»Spring nur!«, sagte das Jesuskind unhörbar. »Ich halte stille!«

Und da sprang der Floh. Aber es ließ sich nicht vermeiden, dass er das Kind ein wenig kitzelte, als er sich zurechtrückte und die Beine unter den Bauch zog.

In diesem Augenblick rüttelte die Mutter Gottes ihren Gemahl aus dem Schlaf.

»Ach, sieh doch!«, sagte Maria selig. »Es lächelt schon!«

ERNEST HEMINGWAY
Weihnachten in Paris

Paris im fallenden Schnee. Vor den Cafés die großen, rotglühenden Holzkohlepfannen. An den Cafétischen dicht vermummte Männer mit hochgeschlagenem Mantelkragen, Gläser mit Grog *Americain* betastend. Zeitungsjungen, die die Abendzeitungen ausrufen.

Die Busse poltern wie grüne Moloche durch den in der Dämmerung rieselnden Schnee. Aus dem Gestöber erheben sich weiße Hausfassaden. Schnee ist nie so schön wie in der Stadt. Es ist herrlich, in Paris auf einer Seinebrücke zu stehen und durch den weichen Vorhang des Schnees an der grauen Masse des Louvre vorbei über den von vielen Brücken überspannten und von den grauen Häusern des alten Paris gesäumten Fluss den Blick bis dorthin schweifen zu lassen, wo Notre-Dame in der Abenddämmerung kauert.

Es ist sehr schön in Paris und sehr einsam zur Weihnachtszeit.

Der junge Mann und seine Freundin gehen vom Quai im Schatten der großen Häuser die Rue Bonaparte hoch bis zu der schmalen, hell erleuchteten Rue Jacob. In einem kleinen Restaurant im ersten Stock eines Hauses, Dem Echten Restaurant der Dritten Republik, das über zwei Räume, vier winzige Tische und eine Katze verfügt, wird ein spezielles Weihnachtsmahl serviert.

»Es schmeckt nicht besonders nach Weihnachten«, sagt das Mädchen.

»Ich vermisse die Preiselbeeren«, sagt der junge Mann.

Sie fallen über das spezielle Weihnachtsessen her. Der Truthahn ist zu einem eigenartigen geometrischen Gebilde geschnitten, das ein wenig Fleischgeschmack, eine Menge Knorpel und einen großen Knochen aufzuweisen hat.

»Erinnerst du dich noch an den Truthahn zu Hause?«, fragt das Mädchen.

»Sprich bloß nicht davon«, sagt der Junge.

Sie fallen über die Kartoffeln her, die mit viel zu viel Fett gebraten sind.

»Was glaubst du, was die jetzt zu Hause machen?«, fragt das Mädchen.

»Ich weiß nicht«, sagt der Junge. »Glaubst du, dass wir jemals wieder nach Hause kommen?«

»Ich weiß nicht«, antwortet das Mädchen. »Glaubst du, dass wir jemals als Künstler Erfolg haben werden?«

Der Inhaber kommt mit dem Dessert und einer kleinen Flasche Rotwein.

»Ich hatte den Wein vergessen«, sagt er auf Französisch.

Das Mädchen beginnt zu weinen.

»Ich hatte mir Paris anders vorgestellt«, sagt sie. »Ich dachte, es sei eine lustige und schöne Stadt und voller Lichter.«

Der Junge legt einen Arm um sie. Zumindest das konnte man in einem Pariser Restaurant tun.

»Macht nichts, Schatz«, sagt er. »Wir sind doch erst drei Tage hier. Es wird sich noch ändern. Wart's nur ab.«

Sie aßen das Dessert, und keiner von beiden erwähnte die Tatsache, dass es leicht angebrannt war. Dann bezahlten sie die Rechnung, gingen nach unten und traten auf die Straße. Es schneite noch immer. Und sie gingen durch die Straßen des alten Paris, in denen einst Wölfe herumgestrichen und Männer auf Jagd gegangen waren, und all das unter den Augen der hohen alten Häuser, denen Weihnachten nichts bedeutete.

Der Junge und das Mädchen hatten Heimweh. Es war ihr erstes Weihnachten fern der Heimat. Was Weihnachten ist, erfährt man erst, wenn man es in einem fremden Land nicht wiederfindet.

Die Nacht der Wunder

PAULO COELHO
Josés Sandalen
(Nach einer Erzählung von François Coppée
aus dem Jahre 1903)

Vor vielen, so vielen Jahren, dass schon niemand mehr
weiß, wann genau es war, lebte in einem Dorf im Süden
Brasiliens ein siebenjähriger Junge namens José. Er hatte
seine Eltern sehr früh verloren und war von einer Tante
aufgezogen worden, die zwar reich, aber sehr geizig war.
José, der nie erfahren hatte, was Liebe ist, fand aber, das
Leben sei nun einmal so, und störte sich nicht daran.

Die Tante und José wohnten in einem Viertel für reiche Leute, und die Tante hatte den Schuldirektor gedrängt,
ihren Neffen in die dortige Schule aufzunehmen. Sie
wollte allerdings nur ein Zehntel des Schulgelds bezahlen und drohte, sich beim Bürgermeister zu beschweren,
falls er ihrer Bitte nicht nachkam. Der Direktor gab klein
bei, wies jedoch seine Lehrer an, José bei jeder Gelegenheit zu demütigen. Er wollte José so lange provozieren,
bis er ausfällig werden und ihm so den Vorwand liefern
würde, ihn der Schule zu verweisen. José, der nie erfahren hatte, was Liebe ist, fand, das Leben sei nun einmal
so, und störte sich nicht daran.

Dann kam Heiligabend. Auf dem Weg zur Christmes-
se unterhielten sich Josés Schulkameraden darüber, was
sie am nächsten Morgen in ihren Schuhen finden würden: eine neue Hose, teures Spielzeug, Schokolade, Roller
und Fahrräder. Sie waren schön angezogen, wie immer
an Feiertagen, nur José hatte wie immer seine zerlumpte

Kleidung und die abgewetzten Sandalen an, die ihm längst zu klein waren. Einige Kinder fragten ihn, warum er so ärmlich angezogen herumlief, und schämten sich, ihn zum Schulkameraden zu haben. Da José nie erfahren hatte, was Liebe ist, störten ihn ihre Fragen nicht.

Als José die Kirche betrat, hörte er die Orgel spielen, sah die brennenden Lichter, die Leute in ihren Sonntagskleidern, die Familien, die zusammensaßen, Eltern, die ihre Kinder im Arm hielten, und da plötzlich fühlte er sich arm und elend. Nach der Kommunion setzte er sich, anstatt mit allen anderen nach Hause zu gehen, auf die Schwelle der Kapelle und begann zu weinen. Auch wenn José die Liebe nie kennengelernt hatte, wusste er wohl, was es hieß, allein, hilflos, von allen verlassen zu sein.

In diesem Augenblick bemerkte er einen Jungen neben sich, der barfuß war und ebenso arm aussah wie er selber. Da er ihn noch nie gesehen hatte, nahm er an, dass er lange gegangen sein musste, um bis hierher zu kommen. Er dachte: ›Dem Jungen müssen die Füße weh tun. Ich werde ihm eine meiner Sandalen geben, das wird sein Leiden halbieren.‹ José hatte zwar die Liebe nicht kennengelernt, aber er wusste, was Leiden ist, und wollte nicht, dass andere litten wie er.

Er gab dem Jungen eine Sandale und ging mit der anderen nach Hause. Er trug sie abwechselnd mal am linken, mal am rechten Fuß, um sich weniger wundzulaufen.

Als er nach Hause kam, sah seine Tante sofort, dass er eine Sandale verloren hatte, und drohte ihm, wenn er sie am nächsten Tag nicht wiedergefunden hätte, würde er bestraft.

José ging voller Angst ins Bett, denn er kannte die Strafen seiner Tante. Zitternd lag er da und fand keinen Schlaf. Als er endlich am Einschlafen war, hörte er plötzlich lautes Stimmengewirr aus der guten Stube. Seine Tante stürzte ins Zimmer und befahl ihm, sofort ins Wohnzimmer zu kommen. Noch ganz benommen ging José hinüber und sah die Sandale, die er dem Jungen gegeben hatte, mitten im Zimmer liegen, und darum herum alles mögliche Spielzeug, Fahrräder, Roller, Kleider. Die Nachbarn waren ebenfalls alle da, zeterten und schimpften, ihre Kinder seien bestohlen worden, hätten beim Aufwachen nichts in ihren Schuhen gefunden.

In dem Augenblick erschien atemlos der Priester. Er hatte auf der Schwelle der Kapelle eine ganz in Gold gekleidete Statue des Christuskindes gefunden, die nur an einem Fuß eine Sandale trug. Augenblicklich wurde es ganz still, alle Anwesenden lobten Gott und seine Wunder. Und die Tante brach in Tränen aus und bat José um Vergebung. Josés Herz aber wurde von der Kraft und von der Liebe erfüllt, die er jetzt endlich erfahren hatte.

BERTOLT BRECHT
Das Paket des lieben Gottes
Eine Weihnachtsgeschichte

Nehmt eure Stühle und eure Teegläser mit hier hinter an den Ofen und vergesst den Rum nicht. Es ist gut, es warm zu haben, wenn man von der Kälte erzählt.

Manche Leute, vor allem eine gewisse Sorte Männer, die etwas gegen Sentimentalität hat, haben eine starke Aversion gegen Weihnachten. Aber zumindest ein Weihnachten in meinem Leben ist bei mir wirklich in bester Erinnerung. Das war der Weihnachtsabend 1908 in Chicago.

Ich war anfangs November nach Chicago gekommen, und man sagte mir sofort, als ich mich nach der allgemeinen Lage erkundigte, es würde der härteste Winter werden, den diese ohnehin genügend unangenehme Stadt zustande bringen könnte. Als ich fragte, wie es mit den Chancen für einen Kesselschmied stünde, sagte man mir, Kesselschmiede hätten keine Chancen, und als ich eine halbwegs mögliche Schlafstelle suchte, war alles zu teuer für mich. Und das erfuhren in diesem Winter 1908 viele in Chicago, aus allen Berufen.

Und der Wind wehte scheußlich vom Michigan-See herüber durch den ganzen Dezember, und gegen Ende des Monats schlossen auch noch eine Reihe großer Fleischpackereien ihren Betrieb und warfen eine ganze Flut von Arbeitslosen auf die kalten Straßen.

Wir trabten die ganzen Tage durch sämtliche Stadtviertel und suchten verzweifelt nach etwas Arbeit und waren froh, wenn wir am Abend in einem winzigen, mit erschöpften Leuten angefüllten Lokale im Schlachthof-viertel unterkommen konnten. Dort hatten wir es we-nigstens warm und konnten ruhig sitzen. Und wir saßen, solange es irgend ging, mit einem Glas Whisky, und wir sparten alles den Tag über auf für dieses eine Glas Whis-ky, in das noch Wärme, Lärm und Kameraden mit einbe-griffen waren, als das, was es an Hoffnung für uns noch gab.

Dort saßen wir auch am Weihnachtsabend dieses Jah-res, und das Lokal war noch überfüllter als gewöhnlich und der Whisky noch wässriger und das Publikum noch verzweifelter. Es ist einleuchtend, dass weder das Publi-kum noch der Wirt in Feststimmung geraten, wenn das ganze Problem der Gäste darin besteht, mit einem Glas eine ganze Nacht auszureichen, und das ganze Problem des Wirtes, diejenigen hinauszubringen, die leere Gläser vor sich stehen hatten.

Aber gegen zehn Uhr kamen zwei, drei Burschen her-ein, die, der Teufel mochte wissen woher, ein paar Dollar in der Tasche hatten, und die luden, weil es doch eben Weihnachten war und Sentimentalität in der Luft lag, das ganze Publikum ein, ein paar Extragläser zu leeren. Fünf Minuten darauf war das ganze Lokal nicht wieder-zuerkennen.

Alle holten sich frischen Whisky (und passten nun ungeheuer genau darauf auf, dass ganz korrekt einge-schenkt wurde), die Tische wurden zusammengerückt, und ein verfroren aussehendes Mädchen wurde gebeten, einen Cakewalk zu tanzen, wobei sämtliche Festteilneh-mer mit den Händen den Takt klatschten. Aber was soll ich sagen, der Teufel mochte seine schwarze Hand im Spiel haben, es kam keine rechte Stimmung auf.

Ja, geradezu von Anfang an nahm die Veranstaltung einen direkt bösartigen Charakter an. Ich denke, es war der Zwang, sich beschenken lassen zu müssen, der alle so aufreizte. Die Spender dieser Weihnachtsstimmung wurden nicht mit freundlichen Augen betrachtet. Schon nach den ersten Gläsern des gestifteten Whiskys wurde der Plan gefasst, eine regelrechte Weihnachtsbescherung, sozusagen ein Unternehmen größeren Stiles, vorzunehmen.

Da ein Überfluss an Geschenkartikeln nicht vorhanden war, wollte man sich weniger an direkt wertvolle und mehr an solche Geschenke halten, die für die zu Beschenkenden passend waren und vielleicht sogar einen tieferen Sinn hatten.

So schenkten wir dem Wirt einen Kübel mit schmutzigem Schneewasser von draußen, wo es davon gerade genug gab, ›damit er mit seinem alten Whisky noch ins neue Jahr hinein ausreichte‹. Dem Kellner schenkten wir eine alte, erbrochene Konservenbüchse, ›damit er wenigstens ein anständiges Servicestück hätte‹, und einem zum Lokal gehörigen Mädchen ein schartiges Taschenmesser, ›damit sie wenigstens die Schicht Puder vom vergangenen Jahr abkratzen könnte‹.

Alle diese Geschenke wurden von den Anwesenden, vielleicht nur die Beschenkten ausgenommen, mit herausforderndem Beifall bedacht. Und dann kam der Hauptspaß.

Es war nämlich unter uns ein Mann, der musste einen schwachen Punkt haben. Er saß jeden Abend da, und

Leute, die sich auf dergleichen verstanden, glaubten mit Sicherheit behaupten zu können, dass er, so gleichgültig er sich auch geben mochte, eine gewisse, unüberwindliche Scheu vor allem, was mit der Polizei zusammenhing, haben musste. Aber jeder Mensch konnte sehen, dass er in keiner guten Haut steckte.

Für diesen Mann dachten wir uns etwas ganz Besonderes aus. Aus einem alten Adressbuch rissen wir mit Erlaubnis des Wirtes drei Seiten aus, auf denen lauter Polizeiwachen standen, schlugen sie sorgfältig in eine Zeitung und überreichten das Paket unserm Mann.

Es trat eine große Stille ein, als wir es überreichten. Der Mann nahm das Paket zögernd in die Hand und sah uns mit einem etwas kalkigen Lächeln von unten herauf an. Ich merkte, wie er mit den Fingern das Paket anfühlte, um schon vor dem Öffnen festzustellen, was darin sein könnte. Aber dann machte er es rasch auf.

Und nun geschah etwas sehr Merkwürdiges. Der Mann nestelte eben an der Schnur, mit der das ›Geschenk‹ verschnürt war, als sein Blick, scheinbar abwesend, auf das Zeitungsblatt fiel, in das die interessanten Adressbuchblätter geschlagen waren. Aber da war sein Blick schon nicht mehr abwesend. Sein ganzer dünner Körper (er war sehr lang) krümmte sich sozusagen um das Zeitungsblatt zusammen, er bückte sein Gesicht tief darauf herunter und las. Niemals, weder vor- noch nachher, habe ich je einen Menschen so lesen sehen. Er verschlang das, was er las, einfach. Und dann schaute er auf. Und wieder habe ich niemals, weder vor- noch nachher, einen Mann so strahlend schauen sehen wie diesen Mann.

»Da lese ich eben in der Zeitung«, sagte er mit einer

verrosteten, mühsam ruhigen Stimme, die in lächerlichem Gegensatz zu seinem strahlenden Gesicht stand, »dass die ganze Sache einfach schon lange aufgeklärt ist. Jedermann in Ohio weiß, dass ich mit der ganzen Sache nicht das Geringste zu tun hatte.« Und dann lachte er. Und wir alle, die erstaunt dabeistanden und etwas ganz anderes erwartet hatten und fast nur begriffen, dass der Mann unter irgendeiner Beschuldigung gestanden und inzwischen, wie er eben aus diesem Zeitungsblatt erfahren hatte, rehabilitiert worden war, fingen plötzlich an, aus vollem Halse und fast aus dem Herzen mitzulachen, und dadurch kam ein großer Schwung in unsere Veranstaltung, die gewisse Bitterkeit war überhaupt vergessen, und es wurde ein ausgezeichnetes Weihnachten, das bis zum Morgen dauerte und alle befriedigte.

Und bei dieser allgemeinen Befriedigung spielte es natürlich gar keine Rolle mehr, dass dieses Zeitungsblatt nicht wir ausgesucht hatten, sondern Gott.

BENEDICT WELLS
Die Nacht der Bücher

Mr. Stanley war nicht zu beneiden. Er saß auf dem Holz-
stuhl in seinem Dienstzimmer und starrte auf den häss-
lichen Katzenkalender an der Wand. Er war achtundfünf-
zig Jahre alt und hatte an Heiligabend nichts Besseres zu
tun, als Nachtwache in einer Bibliothek zu halten. Dabei
las er noch nicht einmal gern! Auf dem Tisch standen
ein Teller mit harten Schokoladenkeksen, die die Kollegen ihm gebacken hatten, und eine Thermoskanne mit
Punsch. Vor dem Fenster trieben Schneeflocken und zer-
schmolzen auf dem Gehsteig. Er stieß einen langen Seufzer aus.

Zeit für seine Runde. Er griff nach dem Schlüsselbund
und durchschritt die Flure des Gebäudes, seine Stiefel
knarrten auf dem Dielenboden. Es war eine alte, staat-
liche Bibliothek in Marylebone, London, die trotz zahl-
reicher Spenden und einiger kostbarer Erstausgaben –
darunter ein frühes Original-Manuskript von *Pu, der Bär*
von A. A. Milne – immer etwas heruntergekommen wirk-
te. Doch er hing nun mal an dem Laden. Machte hier
schon seit über neunzehn Jahren Dienst, und hier würde er auch mal in Rente gehen, falls nicht die …

Er blieb stehen; ihm war, als würde er beobachtet.
Misstrauisch strich er sich über den Schnauzer und sah
sich um. Nichts. Die Gänge waren leer, er war allein – allein mit Tausenden von Büchern. Stanley seufzte wieder.
Manchmal wünschte er sich ja, er würde mehr lesen,
aber er war zu faul. Er hatte seinen guten alten Fernseher

zu Hause, damals ein Prachtding, das ihn einen Monatslohn gekostet hatte, und auch jetzt noch ein Freund, der ihn zuverlässig unterhielt.

Nein, Lesen war nicht seine Sache, aber er liebte, wie es hier roch: ein bisschen Staub, altes Papier, gegerbtes Leder. Es war dieser Geruch, den er jedes Mal vermisste, wenn er frühmorgens nach Hause ging, und auf den er sich insgeheim freute, wenn er abends wieder zur …

Erneut drehte er sich um. War da nicht gerade ein Geräusch gewesen? Doch es kam nicht aus dem Ostflügel, wo die Erstausgaben in einem Safe aufbewahrt wurden, sondern … Mr. Stanley eilte zur großen Halle. Er schloss die quietschende Tür auf und starrte in diesen endlosen Schlund aus Büchern. Zu viele, um sie zu zählen. Klassiker aus vergangenen Epochen, Tausend-Seiten-Wälzer aus verschiedensten Ländern, politische Schriften, Kinderbücher, Fantasyromane, moderne Literatur, Reiseführer, Krimis, Liebesgeschichten. Die gesamte Bibliothek war im Grunde nichts als ein gigantischer Bahnhof voller Figuren und Geschichten. Stanley ging durch die Halle und sah sich gewissenhaft um: Stille und Dunkelheit.

Schon eigenartig. Immer an Weihnachten war ihm, als würde es in der Bibliothek spuken, als hörte er seltsame Geräusche, die sofort verschwanden, wenn er die Tür aufmachte. Noch ein letztes Mal blickte er auf die vollgestopften Regale, in denen sich jedes wichtige Werk der Literatur zu befinden schien. Nichts regte sich, der Mond tauchte die große Halle in geheimnisvolles Licht.

Schließlich senkte der Nachtwächter seine Taschenlampe, schloss die Tür hinter sich ab und ging wieder zurück. Im Dienstzimmer trank er einen Schluck Punsch und schüttelte den Kopf.

Lange Zeit blieb es in der großen Halle still. Die Bücher wollten auf Nummer sicher gehen. Dieser Mr. Stanley war ein misstrauischer alter Knochen, da musste man auf der Hut sein. Dann aber konnte man ein leises Rascheln hören. Ganz vorsichtig hatte sich Jules Verne umgedreht.

Es war *In 80 Tagen um die Welt*.

Die anderen taten es ihm zögerlich nach.

Von jedem Autor drehte sich ein Buch um, während ihm die anderen Werke seines Verfassers Platz machten, so dass es seine Buchdeckel auseinanderklappen konnte. Endlich frei, was für eine Wohltat.

Shakespeares *Romeo und Julia* war so ein Buch, auch Manns *Buddenbrooks*, Tolstois *Krieg und Frieden* und Flauberts *Madame Bovary*.

Nach und nach zeigten sich die wichtigsten und weisesten Werke, um zu den anderen, oft jüngeren Büchern zu sprechen. Diese konnten sie zwar hören, mussten jedoch weiterhin in ihrer unbequemen Haltung verharren; mit dem Rücken zur Halle konnten sie nur tuscheln und flüstern.

Das Sprechen hingegen war nur denjenigen Büchern erlaubt, deren Autoren bereits große Erfolge feiern konnten und von denen zahlreiche Werke vertreten waren. So lauteten die Regeln, es gab eine klare Klassengesellschaft. In den Bibliotheken im Ausland mochte es vielleicht anders zugehen, da hörte man ja allerhand, aber das hier war England, da achtete man auf Stil und Etikette.

»Ist er weg?« Die Stimme von Jane Austen schnitt in die Stille.

»Denke schon«, meinte McCullers. »Armer Mr. Stanley.«

»Ein trauriger Narr, wer an diesem Tag arbeiten muss«, pflichtete Dostojewski bei. »Wieso tut er das nur jedes Jahr?«

»Ich nehm mal an: Frauen Fehlanzeige«, murmelte *Der Fänger im Roggen*, einer der jüngeren Romane. Er hörte seinen einzigen Freund in der Bibliothek, *Huckleberry Finn*, kichern.

Die ersten Minuten gehörten dem Tratsch: Kürzlich ausgeliehene Bücher erzählten, was sie auf ihrer Reise in andere Wohnungen erlebt hatten. Werke über politische Theorien, deren Verfasser oft russische und französische Namen hatten, seufzten dann, dass sie so gern auch mal wieder ausgeliehen werden würden. »Das letzte Mal war ja noch Thatcher im Amt!« Andere Bücher erzählten von einem Schulhoftyrannen, der eine ihrer Seiten gleich fünfmal lesen musste, bis er sie verstand, oder beschwerten sich, dass sie nach einer Neuausrichtung der Bibliothek nun am Fenster waren und ihr Einband im Sonnenlicht vergilbte.

Der übliche Smalltalk. Doch je weiter die Nacht voranschritt, desto mehr ging es um die Frage, wer diesmal vorlesen durfte.

»Ist Dickens da?«, fragte jemand mit irischem Akzent, vielleicht war es Joyce.

Die anderen Bücher suchten nach dem berühmten Autor der Weihnachtsgeschichte.

»Nein, leider weg. Hat vorhin noch jemand ausgeliehen!«

»So ein Pech, das ist jetzt schon das dritte Jahr hinter-einander!«

Ein hundertfaches Aufstöhnen ging durch die Halle, denn nichts hätte die Bücher in dieser Nacht mehr ge-freut, als wenn ihnen Dickens endlich wieder die Ge-schichte des alten Ebenezer Scrooge erzählt hätte.

Man beriet sich, was stattdessen gelesen werden sollte.

»Vielleicht sind ja einige der jungen Bücher daran in-teressiert, die berühmteste Liebesgeschichte aller Zeiten zu hören?«, fragte der etwas selbstgefällig gewordene Shakespeare in die Runde.

Für einige Sekunden blieb es in der Halle peinlich still. Shakespeare erkannte den Wink und rettete sich mit dem Hinweis, dass seine Seiten ohnehin derart alt und wertvoll wären, dass er sich nur noch bei »ganz besonde-ren Gelegenheiten« zu seiner vollen Pracht entfalten würde und dies ja wohl nicht der richtige Augenblick da-für wäre.

Ein paar ebenfalls ältere englische Bücher meinten da-raufhin, dass sie sich gar nicht daran erinnern könnten, Shakespeares Seiten jemals in solch einer »vollen Pracht« gesehen zu haben, und es überhaupt schon ein Weil-chen her sei, dass ihn jemand ausgeliehen habe. Im Ge-genteil, entgegnete Shakespeare nun brüskiert, er werde andauernd ausgeliehen, woraufhin jemand erwiderte: »Ja, aber nur von gelangweilten Schulklassen«, was eini-ge Lacher provozierte.

Es entstand ein erbittertes Wortgefecht, dem die jün-geren Bücher atemlos lauschten, denn so etwas beka-men sie von den weisen älteren Büchern nicht oft zu hö-ren. Umso spannender, jetzt dabei zu sein, noch dazu an so einem Abend, an dem man von den Straßen her Weihnachtslieder hörte und der geschmückte Tannenbaum in der Halle im Mondlicht schimmerte.

Bald jedoch hatten sich alle beruhigt, und aufs Neue stand die Frage im Raum, aus welchem Buch gelesen werden sollte. Viele machten sich für eine makabre Erzählung von Roald Dahl oder eine Schauergeschichte von Edgar Allan Poe stark, doch der winkte ab.

»Doch nicht an so einem Abend!«, sagte er, versprach den jüngeren Büchern aber, bald wieder den Klassiker *Das verräterische Herz* vorzulesen.

Balzac dagegen fragte in die Runde, ob denn jemand eine Weihnachtsgeschichte wisse, vielleicht »eines der südlicheren Bücher«, bei denen er nur seine befreundeten Italiener und Spanier gemeint haben konnte. Doch Dante musste verneinen, und der alte Cervantes war eingeschlafen und schnarchte leise.

»Es kann doch nicht sein, dass wir niemanden finden!«

Einige jüngere Bücher riefen nun nach *Harry Potter*, ein Buch, von dem viele der alteingesessenen Werke lange nicht gewusst hatten, was sie davon halten sollten. Vielleicht waren sie anfangs aber auch nur eifersüchtig gewesen, da die Reihe um den Zauberschüler zu den beliebtesten Werken der Bibliothek gehörte. Vor allem Barrie hatte gespürt, dass sein *Peter Pan* vielleicht nicht mehr ganz dagegen ankam, und erst Stimmung dagegen gemacht. Aber dann hatten er und Rowling sich überraschend gut verstanden, und auch viele ältere Bücher mussten zugeben, dass sie den Geschichten aus Hogwarts durchaus mit Spannung gelauscht hatten.

Capote forderte *Lolita*. Eigentlich hatte ihn nur der Tratsch am Anfang der Nacht interessiert, das Vorlesen war ihm egal. Aber er wollte provozieren, und tatsächlich sagte sofort jemand entrüstet, dass das Buch »viel zu versaut« sei. Nabokov nahm es mit einem süffisanten Rascheln hin.

Als nun Rufe nach *Moby Dick* laut wurden, meinte jemand: »Ich dachte, das soll eine Lesung werden, keine kollektive Einschläferung.«

Es war nicht klar, wer das gesagt hatte, die Bücher beschuldigten sich gegenseitig, aber den alten Melville konnte ohnehin nichts so leicht aus der Fassung bringen, und die Diskussion ging weiter. Ein Witzbold schlug gerade vor, *Pu, der Bär* aus seiner »Isolationszelle« im Ostflügel zu befreien, als plötzlich ein ohrenbetäubender Schrei durch den Saal hallte.

»Hört endlich auf! Ich hab diesen Mist so satt!«

Es war die tiefe Stimme Hemingways.

Die anderen Bücher wurden still, denn sie fürchteten sich vor ihm. Er war völlig unberechenbar. Mal konnte er ganz reizend sein, ein guter Zuhörer und fabelhafter Erzähler. Aber genauso oft war er auch unwirsch, und gerade an Weihnachten kippte seine Stimmung fast immer.

»Verschone uns heute bitte mit deiner guten Laune, alter Freund«, sagte Fitzgerald nicht unfreundlich, doch Hemingway hörte weder auf ihn noch die Brontë-Schwestern. Einmal in Rage gebracht, war er kaum mehr zu stoppen, ereiferte sich lautstark über die anderen Bücher und flatterte aufgeregt mit den Seiten.

»Dieses verdammte Weihnachten. Jedes Jahr bin ich

hier mit euch eingesperrt. Gebt mir ein Feuerzeug, damit ich den Laden endlich anzünden kann.«

Er klappte wie wild mit den Deckeln und wollte gar nicht mehr aufhören. Einige junge Bücher bekamen Angst.

»Sileeeeeence!«, rief es da laut. »Mince, alors!«

Es war Proust, der nun müde hervortrat.

»Immer dieser Lärm«, sagte er. »Da geht man einmal früh schlafen und wird mitten in der Nacht geweckt. Ich hab so schön geträumt.« Er rieb sich gähnend die Seiten. »Von einem ganzen Berg von Madeleines.«

Der letzte Satz war ein Scherz und beschwichtigend gemeint. Doch Hemingway verstand es falsch und war noch immer so außer sich, dass er sich zur schlimmsten Beleidigung hinreißen ließ, die man als Buch aussprechen konnte.

»Ach, halt die Schnauze, Marcel, auf dir liegt eh schon Staub!«

Sofort war es friedhofsstill.

Nach einem Moment des Schocks entschieden die umstehenden Werke nun, Hemingway gewaltsam zur Vernunft zu bringen. Mit einem gezielten Öffnen des Deckels beförderten sie ihn auf den kalten Marmorboden der Halle, wo er fluchend und mit einem dumpfen Knall aufprallte, der bis in die verlassenen Gänge der Bibliothek hinein zu hören war.

»Nicht die erste Schlägerei, die er verloren hat«, sagte jemand.

Die anderen Bücher flatterten aufgeregt mit den Seiten, dann aber hörten sie die knarrenden Schritte des Nachtwächters. »Er kommt wieder!«, riefen sie, »schnell, er ist gleich da.«

Als sich kurz darauf die Tür mit einem quietschenden Geräusch öffnete, war jedoch jeder auf seiner Position und presste die Seiten zusammen.

Mr. Stanley leuchtete mit seiner Taschenlampe mehrmals durch den Saal, und wenn ein jüngeres Buch vom Strahl des Lichts getroffen wurde, zuckte es innerlich auf …

Aber niemand rührte sich.

Der Nachtwächter wollte gerade gehen, da sah er Hemingway auf dem Boden liegen. Verwundert hob er das Buch auf und blätterte durch die Seiten. Blitzschnell drehte er sich um, er wusste genau, jetzt würde er den Übeltäter finden!

Doch seine Blicke prallten an den unzähligen Bücherregalen ab, die massiv und stumm in der Dunkelheit standen. Stille, Stille. Nur draußen sang ein Chor leise *Holy Night*, und vor dem Fenster fiel noch immer dichter Schnee.

Der Nachtwächter stellte Hemingway wieder an seinen Platz zurück. »Was ist nur jedes Jahr mit diesem Buch los …«, murmelte er, dann schlurfte er aus der Halle und verschloss mit dem üblichen Seufzen die Tür hinter sich.

MARIE LUISE KASCHNITZ
Was war das für ein Fest?

Der kleine Junge hockte auf dem Fußboden und kramte in einer alten Schachtel, aus der er einiges zutage förderte, ein paar Röllchen schmutzige Nähseide, ein verbogenes Wägelchen und einen silbernen Stern. Was ist das?, fragte er und hielt den Stern hoch in die Luft. Die Küchenmaschinen surrten, der Fernsehapparat gab Männergeschrei und Schüsse von sich, vor dem großen Fenster bewegten sich die kleinen Stadthubschrauber vorsichtig auf und ab. Der Junge stand auf und ging unter die Neonröhre, um den Stern, der aus einer Art von Glaswolle bestand, genau zu betrachten.

Was ist das?, fragte er noch einmal. Entschuldige, sagte die Mutter am Telefon, das Kind plagt mich, ich rufe dich später noch einmal an. Damit legte sie den Hörer hin, schaute herüber und sagte: Das ist ein Stern. Sterne sind rund, sagte der kleine Junge. Zeig mal, sagte die Mutter und nahm dem Jungen den Stern aus der Hand. Es ist ein Weihnachtsstern, sagte sie. Ein was?, fragte das Kind. Jetzt hab' ich es satt, schrie der Mann auf der Fernsehscheibe und warf seinen Revolver in den Spiegel, was beträchtlichen Lärm verursachte. Die Mutter drückte auf eine Taste, der Lärm hörte auf, und das Bild erlosch.

Etwas von früher, sagte sie in die Stille hinein. Von einem Fest. Was war das für ein Fest?, fragte der kleine Junge. Ein langweiliges, sagte die Mutter schnell. Die ganze Familie stand in der Wohnstube um einen Baum herum und sang Lieder, oder die Lieder kamen aus dem

Fernsehen, und die ganze Familie hörte zu. Wieso um einen Baum?, sagte der kleine Junge, der wächst doch nicht im Zimmer. Doch, sagte die Mutter, das tat er, an einem bestimmten Tag im Jahr. Es war eine Tanne, die man mit brennenden Lichtern oder mit kleinen bunten Glühbirnen besteckte und an deren Zweige man bunte Kugeln und glitzernde Ketten hängte. Das kann nicht wahr sein, sagte das Kind. Doch, sagte die Mutter, und an der Spitze des Baumes befestigte man den Stern. Er sollte an den Stern erinnern, dem die Hirten nachgingen, bis sie den kleinen Jesus in seiner Krippe fanden. Den kleinen Jesus, sagte das Kind aufgebracht, was soll denn das nun wieder sein?

Das erzähle ich dir ein andermal, sagte die Mutter, die sich an die alte Geschichte erinnerte, aber nicht genau. Der Junge wollte aber von den Hirten und der Krippe gar nichts hören. Er interessierte sich nur für den Baum, der im Zimmer wuchs und den man verrückterweise mit brennenden Lichtern oder mit kleinen Glühbirnen besteckt hatte. Das muss doch ein schönes Fest gewesen sein, sagte er nach einer Weile.

Nein, sagte die Mutter heftig. Es war langweilig. Alle hatten Angst davor und waren froh, wenn es vorüber war. Sie konnten den Tag nicht abwarten, an dem sie dem Weihnachtsbaum seinen Schmuck wieder abnehmen und ihn vor die Tür stellen konnten, dürr und nackt. Und damit streckte sie ihre Hand nach den Tasten des Fernsehapparates aus. Jetzt kommen die Marspiloten, sagte sie. Ich will aber die Marspiloten nicht sehen, sagte der Junge. Ich will einen Baum, und ich will wissen, was mit dem kleinen Sowieso war. Es war, sagte die Mutter ganz unwillkürlich, zur Zeit des Kaisers Augustus, als alle Welt geschätzet wurde.

Aber dann erschrak sie und war wieder still. Sollte das alles noch einmal von vorne anfangen, zuerst die Hoffnung und die Liebe und dann die Gleichgültigkeit und die Angst? Zuerst die Freude und dann die Unfähigkeit, sich zu freuen, und das Sichloskaufen von der Schuld? Nein, dachte sie, ach nein. Und damit öffnete sie den Deckel des Müllschluckers und gab ihrem Sohn den Stern in die Hand. Sieh einmal, sagte sie, wie alt er schon ist, wie unansehnlich und vergilbt. Du darfst ihn hinunterwerfen und aufpassen, wie lange du ihn noch siehst. Das Kind gab sich dem neuen Spiel mit Eifer hin.

Es warf den Stern in die Röhre und lachte, als er verschwand. Aber als es draußen an der Wohnungstür geklingelt hatte und die Mutter hinausgegangen war und wiederkam, stand das Kind wie vorher über den Müllschlucker gebeugt. Ich sehe ihn immer noch, flüsterte es, er glitzert, er ist immer noch da.

Quellenverzeichnis

Ray Bradbury (1920-2012)
Das Geschenk, S. 67
Aus: Ray Bradbury, Das Weihnachtsgeschenk und andere Weihnachtsgeschichten. Aus dem Amerikanischen von Margarete Bormann. 2008 Diogenes Verlag AG Zürich. Copyright der deutschsprachigen Übersetzung © 1981, 2008 Diogenes Verlag AG Zürich. Abdruck mit freundlicher Genehmigung von Andrew Nurnberg Ass., London

Bertolt Brecht (1898-1956)
Das Paket des lieben Gottes. Eine Weihnachtsgeschichte, S. 168
Aus: Bertolt Brecht, Ausgewählte Werke in sechs Bänden. Fünfter Band: Prosa. © Suhrkamp Verlag Frankfurt am Main 1997

Paulo Coelho (*1947)
Josés Sandalen, S. 165
Aus: Paulo Coelho, Zehn Weihnachtsgeschichten. Aus dem Brasilianischen von Maralde Meyer-Minnemann. Copyright der deutschsprachigen Ausgabe © 2014 Diogenes Verlag AG Zürich

John von Düffel (*1966)
Von den Jahreszeiten des Körpers, S. 34
Aus: Alles Lametta. Autoren feiern das Fest der Liebe. Herausgegeben von Susann Rehlein. Piper Verlag GmbH, München 2002. © John von Düffel. Abdruck mit freundlicher Genehmigung des Autors.

Hans Fallada (1893-1947)
Lieber Hoppelpoppel, wo bist du?, S. 71
Aus: Hans Fallada, Hoppelpoppel, wo bist du? Kinderge-
schichten. Philipp Reclam Verlag, Leipzig 1936

Frank Goosen (*1966)
Jobs, S. 40
Aus: Alles Lametta. Autoren feiern das Fest der Liebe.
Herausgegeben von Susann Rehlein. Piper Verlag GmbH,
München 2002. © Frank Goosen 2002

Axel Hacke (*1956)
Die Christbaumkugel, S. 116
Aus: Axel Hacke, Das kolumnistische Manifest. Das Beste
aus 1001 Kolumnen. © Verlag Antje Kunstmann GmbH,
München 2015

Ernest Hemingway (1899-1961)
Weihnachten in Paris, S. 160
Aus dem Amerikanischen von Werner Schmitz. Aus:
Ernest Hemingway, Reportagen 1920-1924. © 1990, Ro-
wohlt Verlag GmbH, Hamburg

O. Henry (1862-1910)
Das Geschenk der Weisen, S. 77
Aus dem Englischen von Eva Demski. © Insel Verlag Ber-
lin 2018

Eckart von Hirschhausen (*1967)
Schöne Bescherung. Mein Weihnachten als Weihnachtsmann, S. 49
Aus: Ein unvergessliches Weihnachtsfest. Herausgegeben
von Gesine Dammel. Insel Verlag Berlin 2016. © Eckart
von Hirschhausen. Abdruck mit freundlicher Genehmigung des Autors

Hanns Dieter Hüsch (1925-2005)
Die Bescherung, S. 135
Aus: Hanns Dieter Hüsch, Das literarische Werk. Ich sing
für die Verrückten. Die poetischen Texte. Bd. 1. Edition
Diá 2016, Berlin. © Christiane Hüsch-von Aprath. Ab-
druck mit freundlicher Genehmigung

Marie Luise Kaschnitz (1901-1974)
Was war das für ein Fest?, S. 182
Aus: Marie Luise Kaschnitz, Gesammelte Werke in sieben
Bänden. Herausgegeben von Christian Büttrich und
Norbert Miller. Band 4: Die Erzählungen. © 1983 Insel
Verlag Frankfurt am Main

Erich Kästner (1899-1974)
Ein Kind hat Kummer, S. 139
Aus: Erich Kästner, Als ich ein kleiner Junge war. © At-
rium Verlag AG, Zürich 1975 und Thomas Kästner
Interview mit dem Weihnachtsmann. Eine vorweih-
nachtliche Betrachtung, S. 54
Aus: Erich Kästner, Interview mit dem Weihnachtsmann.
Schöne Bescherungen. © Thomas Kästner

Ephraim Kishon (1924-2005)
Vertrauen gegen Vertrauen, S. 85
Aus: Das große Kishon-Buch. © 1974 LangenMüller in
der F. A. Herbig Verlagsbuchhandlung GmbH, München

Rolf Krenzer (1936-2007)
Die Geschichte vom Weihnachtslicht, S. 155
Aus: 100 einfache Texte zum Kirchenjahr. © Verlag Ernst
Kaufmann, Lahr

Manfred Kyber (1880-1933)
Der kleine Tannenbaum, S. 100
Aus: Manfred Kyber, Gesammelte Märchen. Christian
Wegner Verlag, Hamburg 1949

Josef Lada (1887-1957)/Otfried Preußler (1923-2013)
Weihnachten mit Kater Mikesch, S. 27
Aus: Kater Mikesch. Geschichten vom Kater, der spre-
chen konnte. Deutsch nacherzählt von Otfried Preußler.
Erstmals erschienen 1962 im Sauerländer Verlag. © 2020
Fischer Kinder- und Jugendbuch Verlag GmbH, Frank-
furt am Main

Stephen Leacock (1869-1944)
Jeder schenkt nach seinem Herzen, S. 61
Aus dem Kanadischen von Elisabeth Schnack
Aus: Weihnachten in Übersee. Herausgegeben von Elisa-
beth Schnack. Arche Verlag, Zürich 1979

Felix Timmermans (1886-1947)
Sankt Nikolaus in Not, S. 121
Aus: Sankt Nikolaus in Not. Aus dem Flämischen von Else Wenz-Vietor. Insel Verlag Frankfurt am Main 1987
© Insel Verlag 1926

Karl Heinrich Waggerl (1897-1973)
Worüber das Christkind lächeln musste, S. 157
Aus: Karl Heinrich Waggerl, Sämtliche Weihnachtserzählungen. © Otto Müller Verlag, 3. Auflage, Salzburg 2017

Benedict Wells (*1984)
Die Nacht der Bücher, S. 173
aus: Benedict Wells, Die Wahrheit über das Lügen. Copyright © 2018 Diogenes Verlag Zürich

Friedrich Wolf (1888-1953)
Die Weihnachtsgans Auguste, S. 15
Aus: Friedrich Wolf, Gesammelte Werke in sechzehn Bänden. Herausgegeben von Else Wolf und Walther Pollatschek. Band 14. Märchen, Tiergeschichten und Fabeln. Aufbau-Verlag Berlin und Weimar 1961. © Aufbau Verlag GmbH & Co. KG, Berlin 1961, 2008